TRANZLATY

El idioma es para todos

Kieli kuuluu kaikille

El Manifiesto Comunista

Kommunistinen Manifesti

Karl Marx
&
Friedrich Engels

Español / Suomi

Published by Tranzlaty
ISBN: 978-1-80572-427-8
Original text by Karl Marx and Friedrich Engels
The Communist Manifesto
First published in 1848
www.tranzlaty.com

Introducción
Johdanto

Un fantasma acecha a Europa: el fantasma del comunismo
Eurooppaa vainoaa aave – kommunismin haamu
Todas las potencias de la vieja Europa han entrado en una santa alianza para exorcizar este fantasma
Kaikki vanhan Euroopan vallat ovat liittyneet pyhään liittoon manatakseen tämän aaveen
El Papa y el Zar, Metternich y Guizot, los radicales franceses y los espías de la policía alemana
Paavi ja tsaari, Metternich ja Guizot, ranskalaiset radikaalit ja saksalaiset poliisivakoojat
¿Dónde está el partido en la oposición que no ha sido tachado de comunista por sus adversarios en el poder?
Missä on oppositiopuolue, jota sen vallassa olevat vastustajat eivät ole tuominneet kommunistiseksi?
¿Dónde está la Oposición que no haya devuelto el reproche de marca al comunismo contra los partidos de oposición más avanzados?
Missä on oppositio, joka ei ole heittänyt takaisin kommunismin leimausmoitetta edistyneempiä oppositiopuolueita vastaan?
¿Y dónde está el partido que no ha hecho la acusación contra sus adversarios reaccionarios?
Ja missä on puolue, joka ei ole esittänyt syytöksiä taantumuksellisia vastustajiaan vastaan?
Dos cosas resultan de este hecho
Tästä seuraa kaksi asiaa
I. El comunismo es ya reconocido por todas las potencias europeas como una potencia en sí misma
I. Kaikki Euroopan vallat ovat jo tunnustaneet kommunismin itse vallaksi
II. Ya es hora de que los comunistas publiquen abiertamente, a la vista de todo el mundo, sus puntos de vista, sus objetivos y sus tendencias

II. Kommunistien on korkea aika avoimesti koko maailman edessä julkistaa näkemyksensä, päämääränsä ja taipumuksensa

deben hacer frente a este cuento infantil del Espectro del Comunismo con un Manifiesto del propio partido

heidän on kohdattava tämä kommunismin aaveen lastentarhatarina puolueen itsensä manifestilla

Con este fin, comunistas de diversas nacionalidades se han reunido en Londres y han esbozado el siguiente Manifiesto

Tätä tarkoitusta varten eri kansallisuuksia edustavat kommunistit ovat kokoontuneet Lontooseen ja luonnostelleet seuraavan manifestin

El presente manifiesto se publicará en inglés, francés, alemán, italiano, flamenco y danés

Tämä manifesti julkaistaan englannin, ranskan, saksan, italian, flaamin ja tanskan kielellä

Y ahora se publicará en todos los idiomas que ofrece Tranzlaty

Ja nyt se julkaistaan kaikilla Tranzlatyn tarjoamilla kielillä

La burguesía y los proletarios
Porvaristo ja proletaarit

La historia de todas las sociedades existentes hasta ahora es la historia de las luchas de clases

Kaikkien tähän asti olemassa olleiden yhteiskuntien historia on luokkataistelujen historiaa

Hombre libre y esclavo, patricio y plebeyo, señor y siervo, maestro de gremio y oficial

Freeman ja orja, patriisi ja plebeija, herra ja maaorja, kiltamestari ja kisälli

en una palabra, opresor y oprimido

sanalla sanoen, sortaja ja sorrettu

Estas clases sociales estaban en constante oposición entre sí

Nämä yhteiskuntaluokat olivat alituisessa vastakkainasettelussa

Llevaron a cabo una lucha ininterrumpida. Ahora oculto, ahora abierto

He jatkoivat keskeytymätöntä taistelua. Nyt piilossa, nyt auki

una lucha que terminó en una reconstitución revolucionaria de la sociedad en general

taistelu, joka joko päättyi koko yhteiskunnan vallankumoukselliseen jälleenrakentamiseen

o una lucha que terminó en la ruina común de las clases contendientes

tai taistelu, joka päättyi kilpailevien luokkien yhteiseen tuhoon

Echemos la vista atrás a las épocas anteriores de la historia

Katsokaamme taaksepäin historian aikaisempiin aikakausiin

Encontramos casi en todas partes una complicada organización de la sociedad en varios órdenes

Löydämme melkein kaikkialla monimutkaisen yhteiskunnan järjestelyn eri järjestyksiin

Siempre ha habido una múltiple gradación de rango social

Sosiaalinen asema on aina ollut moninkertainen

En la antigua Roma tenemos patricios, caballeros, plebeyos, esclavos

Muinaisessa Roomassa meillä on patriisit, ritarit, plebeijit, orjat

en la Edad Media: señores feudales, vasallos, maestros de gremios, oficiales, aprendices, siervos

keskiajalla: feodaaliset herrat, vasallit, kiltamestarit, kisällit, oppipojat, orjat

En casi todas estas clases, de nuevo, las gradaciones subordinadas

Lähes kaikissa näissä luokissa taas alisteiset asteikot

La sociedad burguesa moderna ha brotado de las ruinas de la sociedad feudal

Nykyaikainen porvarisyhteiskunta on versonut feodaalisen yhteiskunnan raunioista

Pero este nuevo orden social no ha eliminado los antagonismos de clase

Mutta tämä uusi yhteiskuntajärjestys ei ole poistanut luokkavastakohtaisuuksia

No ha hecho más que establecer nuevas clases y nuevas condiciones de opresión

Se on vain luonut uusia luokkia ja uusia sorron olosuhteita

Ha establecido nuevas formas de lucha en lugar de las antiguas

Se on vakiinnuttanut uusia taistelumuotoja vanhojen tilalle

Sin embargo, la época en la que nos encontramos posee un rasgo distintivo

Aikakaudella, jossa olemme, on kuitenkin yksi erottuva piirre

la época de la burguesía ha simplificado los antagonismos de clase

porvariston aikakausi on yksinkertaistanut luokkavastakohtaisuuksia

La sociedad en su conjunto se divide cada vez más en dos grandes campos hostiles

Koko yhteiskunta on yhä enemmän jakautumassa kahteen suureen vihamieliseen leiriin

dos grandes clases sociales enfrentadas directamente: la burguesía y el proletariado

kaksi suurta yhteiskuntaluokkaa, jotka ovat suoraan
vastakkain: porvaristo ja proletariaatti
**De los siervos de la Edad Media surgieron los burgueses de
las primeras ciudades**
Keskiajan maaorjista syntyivät varhaisimpien kaupunkien
rahdatut porvarit
**A partir de estos burgueses se desarrollaron los primeros
elementos de la burguesía**
Näistä porvareista kehitettiin porvariston ensimmäiset
elementit
El descubrimiento de América y el doblamiento del Cabo
Amerikan löytäminen ja Kapin pyöristäminen
**estos acontecimientos abrieron un nuevo terreno para la
burguesía en ascenso**
nämä tapahtumat avasivat uuden maaperän nousevalle
porvaristolle
**Los mercados de las Indias Orientales y China, la
colonización de América, el comercio con las colonias**
Itä-Intian ja Kiinan markkinat, Amerikan kolonisaatio, kauppa
siirtomaiden kanssa
**el aumento de los medios de cambio y de las mercancías en
general**
vaihtovälineiden ja yleensä tavaroiden lisääntyminen
**Estos acontecimientos dieron al comercio, a la navegación y a
la industria un impulso nunca antes conocido**
Nämä tapahtumat antoivat kaupalle, navigoinnille ja
teollisuudelle impulssin, jota ei ole koskaan ennen tunnettu
**Dio un rápido desarrollo al elemento revolucionario en la
tambaleante sociedad feudal**
Se antoi nopean kehityksen horjuvan feodaalisen
yhteiskunnan vallankumoukselliselle elementille
**Los gremios cerrados habían monopolizado el sistema
feudal de producción industrial**
Suljetut killat olivat monopolisoineet teollisen tuotannon
feodaalisen järjestelmän

Pero esto ya no bastaba para satisfacer las crecientes necesidades de los nuevos mercados
Tämä ei kuitenkaan enää riittänyt uusien markkinoiden kasvaviin tarpeisiin
El sistema manufacturero sustituyó al sistema feudal de la industria
Valmistusjärjestelmä korvasi feodaalisen teollisuusjärjestelmän
Los maestros de gremio fueron empujados a un lado por la clase media manufacturera
Kiltamestarit työnnettiin syrjään valmistavan keskiluokan toimesta
La división del trabajo entre los diferentes gremios corporativos desapareció
Työnjako eri yrityskiltojen välillä katosi
La división del trabajo penetraba en cada uno de los talleres
Työnjako tunkeutui jokaiseen työpajaan
Mientras tanto, los mercados seguían creciendo y la demanda seguía aumentando
Sillä välin markkinat jatkoivat kasvuaan ja kysyntä kasvoi jatkuvasti
Ni siquiera las fábricas bastaban para satisfacer las demandas
Edes tehtaat eivät enää riittäneet vastaamaan vaatimuksiin
A partir de entonces, el vapor y la maquinaria revolucionaron la producción industrial
Tämän jälkeen höyry ja koneet mullistivat teollisen tuotannon
El lugar de la manufactura fue ocupado por el gigante, la Industria Moderna
Valmistuspaikan otti jättiläinen, moderni teollisuus
El lugar de la clase media industrial fue ocupado por millonarios industriales
Teollisen keskiluokan paikan ottivat teolliset miljonäärit
el lugar de los jefes de ejércitos industriales enteros fue ocupado por la burguesía moderna

kokonaisten teollisuusarmeijoiden johtajien paikan otti
nykyaikainen porvaristo
**el descubrimiento de América allanó el camino para que la
industria moderna estableciera el mercado mundial**
Amerikan löytäminen tasoitti tietä nykyaikaiselle
teollisuudelle maailmanmarkkinoiden perustamiseksi
**Este mercado dio un inmenso desarrollo al comercio, la
navegación y la comunicación por tierra**
Nämä markkinat kehittivät valtavasti kauppaa, navigointia ja
maaviestintää
**Este desarrollo ha repercutido, en su momento, en la
extensión de la industria**
Tämä kehitys on aikanaan reagoinut teollisuuden
laajenemiseen
**Reaccionó en proporción a cómo se extendía la industria, y
cómo se extendían el comercio, la navegación y los
ferrocarriles**
Se reagoi suhteessa siihen, miten teollisuus laajeni ja miten
kauppa, navigointi ja rautatiet laajenivat
**en la misma proporción en que la burguesía se desarrolló,
aumentó su capital**
samassa suhteessa kuin porvaristo kehittyi, he lisäsivät
pääomaansa
**y la burguesía relegó a un segundo plano a todas las clases
heredadas de la Edad Media**
ja porvaristo työnsi taka-alalle jokaisen keskiajalta periytyneen
luokan
**por lo tanto, la burguesía moderna es en sí misma el
producto de un largo curso de desarrollo**
sen vuoksi nykyaikainen porvaristo on itse pitkän
kehityskulun tuote
**Vemos que es una serie de revoluciones en los modos de
producción y de intercambio**
Näemme, että se on sarja vallankumouksia tuotanto- ja
vaihtotavoissa

Cada paso de la burguesía desarrollista iba acompañado de un avance político correspondiente
Jokaista porvariston kehitysaskelta seurasi vastaava poliittinen edistysaskel
Una clase oprimida bajo el dominio de la nobleza feudal
Sorrettu luokka feodaalisen aateliston vallassa
una asociación armada y autónoma en la comuna medieval
Aseellinen ja itsehallinnollinen yhdistys keskiaikaisessa kunnassa
aquí, una república urbana independiente (como en Italia y Alemania)
täällä itsenäinen kaupunkitasavalta (kuten Italiassa ja Saksassa)
allí, un "tercer estado" imponible de la monarquía (como en Francia)
siellä verotettava monarkian "kolmas omaisuus" (kuten Ranskassa)
posteriormente, en el período de fabricación propiamente dicho
sen jälkeen varsinaisen valmistuksen aikana
la burguesía servía a la monarquía semifeudal o a la monarquía absoluta
porvaristo palveli joko puolifeodaalista tai absoluuttista monarkiaa
o la burguesía actuaba como contrapeso contra la nobleza
tai porvaristo toimi vastapainona aatelistoa vastaan
y, de hecho, la burguesía era una piedra angular de las grandes monarquías en general
ja itse asiassa porvaristo oli suurten monarkioiden kulmakivi yleensä
pero la industria moderna y el mercado mundial se establecieron desde entonces
mutta moderni teollisuus ja maailmanmarkkinat vakiinnuttivat asemansa siitä lähtien
y la burguesía ha conquistado para sí el dominio político exclusivo

ja porvaristo on voittanut itselleen yksinomaisen poliittisen
vallan
**logró esta influencia política a través del Estado
representativo moderno**
se saavutti tämän poliittisen vallan nykyaikaisen
edustuksellisen valtion kautta
**Los ejecutivos del Estado moderno no son más que un
comité de gestión**
Nykyaikaisen valtion toimeenpanevat elimet ovat vain
hallintokomitea
y manejan los asuntos comunes de toda la burguesía
ja he hoitavat koko porvariston yhteisiä asioita
**La burguesía, históricamente, ha desempeñado un papel
muy revolucionario**
Porvaristolla on historiallisesti ollut mitä
vallankumouksellisin osa
**Dondequiera que se impuso, puso fin a todas las relaciones
feudales, patriarcales e idílicas**
Missä tahansa se sai yliotteen, se lopetti kaikki feodaaliset,
patriarkaaliset ja idylliset suhteet
**Ha roto sin piedad los abigarrados lazos feudales que unían
al hombre con sus "superiores naturales"**
Se on säälimättömästi repinyt rikki kirjavat feodaaliset siteet,
jotka sitoivat ihmisen "luonnollisiin esimiehiinsä"
**y no ha dejado ningún nexo entre el hombre y el hombre,
más allá del puro interés propio**
eikä se ole jättänyt jäljelle mitään muuta yhteyttä ihmisen ja
ihmisen välille kuin paljaan oman edun tavoittelun
**Las relaciones del hombre entre sí se han convertido en nada
más que un cruel "pago en efectivo"**
Ihmisten keskinäisistä suhteista on tullut vain tunteeton
"käteismaksu"
Ha ahogado los éxtasis más celestiales del fervor religioso
Se on hukuttanut uskonnollisen kiihkon taivaallisimmat
hurmiot

ha ahogado el entusiasmo caballeresco y el sentimentalismo filisteo
Se on hukuttanut ritarillisen innostuksen ja poroporvarillisen sentimentalismin
ha ahogado estas cosas en el agua helada del cálculo egoísta
Se on hukuttanut nämä asiat egoistisen laskelmoinnin jäiseen veteen
Ha resuelto el valor personal en valor de cambio
Se on ratkaissut henkilökohtaisen arvon vaihdettavaksi arvoksi
Ha sustituido a las innumerables e imprescriptibles libertades estatutarias
Se on korvannut lukemattomat ja luovuttamattomat perusoikeuskirjan mukaiset vapaudet
y ha establecido una libertad única e inconcebible; Libre cambio
ja se on luonut yhden, kohtuuttoman vapauden; Vapaakauppa
En una palabra, lo ha hecho para la explotación
Yhdellä sanalla sanoen, se on tehnyt tämän hyväksikäyttöä varten
explotación velada por ilusiones religiosas y políticas
uskonnollisten ja poliittisten illuusioiden verhoama hyväksikäyttö
explotación velada por una explotación desnuda, desvergonzada, directa, brutal
hyväksikäyttö peittyy alastomaan, häpeämättömään, suoraan ja julmaan hyväksikäyttöön
la burguesía ha despojado de la aureola a todas las ocupaciones anteriormente honradas y veneradas
porvaristo on riisunut sädekehän jokaisesta aikaisemmin kunnioitetusta ja kunnioitetusta miehityksestä
el médico, el abogado, el sacerdote, el poeta y el hombre de ciencia
lääkäri, lakimies, pappi, runoilija ja tieteen mies
Ha convertido a estos distinguidos trabajadores en sus trabajadores asalariados

Se on muuttanut nämä ansioituneet työläiset
palkkatyöläisikseen
La burguesía ha rasgado el velo sentimental de la familia
Porvaristo on repinyt tunteellisen verhon pois perheestä
y ha reducido la relación familiar a una mera relación
monetaria
ja se on vähentänyt perhesuhteen pelkäksi rahasuhteeksi
el brutal despliegue de vigor en la Edad Media que tanto
admiran los reaccionarios
keskiajan julma voimannäyttö, jota taantumukselliset niin
suuresti ihailevat
Aun esto encontró su complemento adecuado en la más
perezosa indolencia
Tämäkin löysi sopivan täydennyksensä laiskimmista
laiskuudesta
La burguesía ha revelado cómo sucedió todo esto
Porvaristo on paljastanut, miten tämä kaikki tapahtui
La burguesía ha sido la primera en mostrar lo que la
actividad del hombre puede producir
Porvaristo on ensimmäisenä osoittanut, mitä ihmisen toiminta
voi saada aikaan
Ha logrado maravillas que superan con creces las pirámides
egipcias, los acueductos romanos y las catedrales góticas
Se on saavuttanut ihmeitä, jotka ylittävät paljon Egyptin
pyramidit, roomalaiset vesijohdot ja goottilaiset katedraalit
y ha llevado a cabo expediciones que han hecho sombra a
todos los antiguos Éxodos de naciones y cruzadas
ja se on johtanut retkikuntia, jotka asettavat varjoon kaikki
entiset kansojen exodukset ja ristiretket
La burguesía no puede existir sin revolucionar
constantemente los instrumentos de producción
Porvaristo ei voi olla olemassa ilman, että se jatkuvasti
mullistaa tuotantovälineitä
y, por lo tanto, no puede existir sin sus relaciones con la
producción
ja siten se ei voi olla olemassa ilman suhteitaan tuotantoon

y, por lo tanto, no puede existir sin sus relaciones con la
sociedad
ja siksi se ei voi olla olemassa ilman suhteitaan yhteiskuntaan
Todas las clases industriales anteriores tenían una condición
en común
Kaikilla aikaisemmilla teollisuusluokilla oli yksi yhteinen ehto
Confiaban en la conservación de los antiguos modos de
producción
He luottivat vanhojen tuotantotapojen säilyttämiseen
pero la burguesía trajo consigo una dinámica completamente
nueva
mutta porvaristo toi mukanaan aivan uuden dynamiikan
Revolucionar constantemente la producción y perturbar
ininterrumpidamente todas las condiciones sociales
Tuotannon jatkuva mullistaminen ja kaikkien
yhteiskunnallisten olojen keskeytymätön häiriintyminen
esta eterna incertidumbre y agitación distingue a la época
burguesa de todas las anteriores
tämä ikuinen epävarmuus ja levottomuus erottaa porvariston
kaikista aikaisemmista
Las relaciones previas con la producción vinieron
acompañadas de antiguos y venerables prejuicios y
opiniones
Aikaisempiin tuotantosuhteisiin liittyi ikivanhoja ja
kunnioitettavia ennakkoluuloja ja mielipiteitä
Pero todas estas relaciones fijas y congeladas son barridas
Mutta kaikki nämä kiinteät, nopeasti jäätyneet suhteet
pyyhkäistään pois
Todas las relaciones recién formadas se vuelven anticuadas
antes de que puedan osificarse
Kaikki uudet suhteet vanhenevat ennen kuin ne ehtivät luutua
Todo lo que es sólido se derrite en el aire, y todo lo que es
santo es profanado
Kaikki kiinteä sulaa ilmaan, ja kaikki, mikä on pyhää,
häpäistään

El hombre se ve finalmente obligado a afrontar con sus sentidos sobrios sus verdaderas condiciones de vida
Ihmisen on lopultakin pakko kohdata vakavat aistinsa, todelliset elinehtonsa
y se ve obligado a afrontar sus relaciones con los de su especie
ja hänen on pakko kohdata suhteensa kaltaisiinsa
La burguesía necesita constantemente ampliar sus mercados para sus productos
Porvariston on jatkuvasti laajennettava tuotteidensa markkinoita
y, debido a esto, la burguesía es perseguida por toda la superficie del globo
ja tämän vuoksi porvaristo ajetaan koko maapallon pinnan yli
La burguesía debe anidar en todas partes, establecerse en todas partes, establecer conexiones en todas partes
Porvariston täytyy pesiytyä kaikkialla, asettua kaikkialle, luoda yhteyksiä kaikkialle
La burguesía debe crear mercados en todos los rincones del mundo para explotar
Porvariston on luotava markkinoita maailman joka kolkkaan riistettäväksi
La producción y el consumo en todos los países han adquirido un carácter cosmopolita
Jokaisen maan tuotannolle ja kulutukselle on annettu kosmopoliittinen luonne
el disgusto de los reaccionarios es palpable, pero ha continuado a pesar de todo
taantumuksellisten suru on käsin kosketeltavaa, mutta se on jatkunut siitä huolimatta
La burguesía ha sacado de debajo de los pies de la industria el terreno nacional en el que se encontraba
Porvaristo on vetänyt teollisuuden jalkojen alta kansallisen maaperän, jolla se seisoi
Todas las industrias nacionales de vieja data han sido destruidas, o están siendo destruidas diariamente

Kaikki vanhat kansalliset teollisuudenalat on tuhottu tai
tuhotaan päivittäin
**Todas las viejas industrias nacionales son desplazadas por
las nuevas industrias**
Uudet teollisuudenalat syrjäyttävät kaikki vanhat kansalliset
teollisuudenalat
**Su introducción se convierte en una cuestión de vida o
muerte para todas las naciones civilizadas**
Niiden käyttöönotosta tulee elämän ja kuoleman kysymys
kaikille sivistyskansoille
**son desalojados por industrias que ya no trabajan con
materia prima autóctona**
Ne syrjäytetään teollisuudenaloilla, jotka eivät enää käytä
kotimaisia raaka-aineita
**En cambio, estas industrias extraen materias primas de las
zonas más remotas**
Sen sijaan nämä teollisuudenalat vetävät raaka-aineita
syrjäisimmiltä alueilta
**industrias cuyos productos se consumen, no solo en el país,
sino en todos los rincones del mundo**
teollisuudenalat, joiden tuotteita kulutetaan paitsi kotona
myös joka puolella maailmaa
**En lugar de las viejas necesidades, satisfechas por las
producciones del país, encontramos nuevas necesidades**
Vanhojen tarpeiden sijasta, jotka maan tuotannot tyydyttävät,
löydämme uusia tarpeita
**Estas nuevas necesidades requieren para su satisfacción los
productos de tierras y climas lejanos**
Nämä uudet tarpeet vaativat tyydyttääkseen kaukaisten
maiden ja ilmastojen tuotteita
**En lugar de la antigua reclusión y autosuficiencia local y
nacional, tenemos el comercio**
Vanhan paikallisen ja kansallisen eristäytyneisyyden ja
omavaraisuuden tilalle meillä on kauppaa
**intercambio internacional en todas las direcciones;
Interdependencia universal de las naciones**

kansainvälinen vaihto joka suuntaan; kansakuntien
yleismaailmallinen keskinäinen riippuvuus
**Y así como dependemos de los materiales, también
dependemos de la producción intelectual**
Ja aivan kuten olemme riippuvaisia materiaaleista, olemme
riippuvaisia henkisestä tuotannosta
**Las creaciones intelectuales de las naciones individuales se
convierten en propiedad común**
Yksittäisten kansakuntien älyllisistä luomuksista tulee yhteistä
omaisuutta
**La unilateralidad nacional y la estrechez de miras se vuelven
cada vez más imposibles**
Kansallinen yksipuolisuus ja ahdasmielisyys käyvät yhä
mahdottomammiksi
**y de las numerosas literaturas nacionales y locales, surge una
literatura mundial**
Ja lukuisista kansallisista ja paikallisista kirjallisuuksista
syntyy maailmankirjallisuus
**por el rápido perfeccionamiento de todos los instrumentos
de producción**
parantamalla nopeasti kaikkia tuotantovälineitä
por los medios de comunicación inmensamente facilitados
valtavasti helpotetulla viestintävälineellä
**La burguesía atrae a todos (incluso a las naciones más
bárbaras) a la civilización**
Porvaristo vetää kaikki (jopa kaikkein barbaarisimmat
kansakunnat) sivistykseen
**Los precios baratos de sus mercancías; la artillería pesada
que derriba todas las murallas chinas**
Sen hyödykkeiden halvat hinnat; raskas tykistö, joka lyö alas
kaikki kiinalaiset muurit
**El odio intensamente obstinado de los bárbaros hacia los
extranjeros se ve obligado a capitular**
Barbaarien voimakas itsepäinen viha ulkomaalaisia kohtaan
on pakko antautua

Obliga a todas las naciones, bajo pena de extinción, a adoptar el modo de producción burgués

Se pakottaa kaikki kansakunnat sukupuuttoon kuolemisen uhalla omaksumaan porvariston tuotantotavan

los obliga a introducir lo que llama civilización en su seno

Se pakottaa heidät tuomaan keskuuteensa sen, mitä se kutsuu sivilisaatioksi

La burguesía obliga a los bárbaros a convertirse ellos mismos en burgueses

Porvaristo pakottaa barbaarit itse porvaristoksi

en una palabra, la burguesía crea un mundo a su imagen y semejanza

Sanalla sanoen, porvaristo luo maailman oman kuvansa mukaan

La burguesía ha sometido el campo al dominio de las ciudades

Porvaristo on alistanut maaseudun kaupunkien hallintaan

Ha creado enormes ciudades y ha aumentado considerablemente la población urbana

Se on luonut valtavia kaupunkeja ja lisännyt huomattavasti kaupunkiväestöä

Rescató a una parte considerable de la población de la idiotez de la vida rural

Se pelasti huomattavan osan väestöstä maaseudun elämän idiotismista

pero ha hecho que los del campo dependan de las ciudades

Mutta se on tehnyt maaseudun asukkaat riippuvaisiksi kaupungeista

y asimismo, ha hecho que los países bárbaros dependan de los civilizados

Samoin se on tehnyt barbaarimaat riippuvaisiksi sivistyneistä maista

naciones de campesinos sobre naciones de la burguesía, el Este sobre el Oeste

talonpoikien kansat porvariston kansakunnissa, itä lännessä

La burguesía suprime cada vez más el estado disperso de la población

Porvaristo hävittää yhä enemmän väestön hajanaista tilaa

Ha aglomerado la producción y ha concentrado la propiedad en pocas manos

Se on agglomeroitunut tuotanto ja keskittänyt omaisuuden muutamiin käsiin

La consecuencia necesaria de esto fue la centralización política

Tämän välttämätön seuraus oli poliittinen keskittäminen

Había habido naciones independientes y provincias poco conectadas

Siellä oli ollut itsenäisiä kansakuntia ja löyhästi toisiinsa liittyviä maakuntia

Tenían intereses, leyes, gobiernos y sistemas tributarios separados

Niillä oli erilliset intressit, lait, hallitukset ja verotusjärjestelmät

pero se han agrupado en una sola nación, con un solo gobierno

Mutta ne on niputettu yhteen yhdeksi kansakunnaksi, jolla on yksi hallitus

Ahora tienen un interés nacional de clase, una frontera y un arancel aduanero

Niillä on nyt yksi kansallinen luokkaetu, yksi raja ja yksi tullitariffi

Y este interés nacional de clase está unificado bajo un solo código de leyes

Ja tämä kansallinen luokkaetu on yhdistetty yhteen lakikokoelmaan

la burguesía ha logrado mucho durante su gobierno de apenas cien años

porvaristo on saavuttanut paljon vajaan sadan vuoden valtakautensa aikana

fuerzas productivas más masivas y colosales que todas las generaciones precedentes juntas

massiivisemmat ja valtavammat tuotantovoimat kuin kaikki
aiemmat sukupolvet yhteensä

**Las fuerzas de la naturaleza están subyugadas a la voluntad
del hombre y su maquinaria**

Luonnonvoimat alistetaan ihmisen ja hänen koneistonsa
tahdolle

**La química se aplica a todas las formas de industria y tipos
de agricultura**

Kemiaa sovelletaan kaikkiin teollisuuden muotoihin ja
maatalouden tyyppeihin

**la navegación a vapor, los ferrocarriles, los telégrafos
eléctricos y la imprenta**

höyrymerenkulku, rautatiet, sähkölennätin ja kirjapaino

**desbroce de continentes enteros para el cultivo, canalización
de ríos**

kokonaisten mantereiden raivaaminen viljelyä varten, jokien
kanavointi

**Poblaciones enteras han sido sacadas de la tierra y puestas a
trabajar**

Kokonaisia kansoja on loihdittu maasta ja pantu töihin

**¿Qué siglo anterior tuvo siquiera un presentimiento de lo
que podría desencadenarse?**

Millä aiemmalla vuosisadalla oli edes aavistustakaan siitä,
mitä voitaisiin päästää valloilleen?

**¿Quién predijo que tales fuerzas productivas dormitaban en
el regazo del trabajo social?**

Kuka ennusti, että tällaiset tuotantovoimat nukkuivat
yhteiskunnallisen työn sylissä?

**Vemos, pues, que los medios de producción y de
intercambio se generaban en la sociedad feudal**

Näemme siis, että tuotanto- ja vaihtovälineet luotiin
feodaalisessa yhteiskunnassa

**los medios de producción sobre cuyos cimientos se
construyó la burguesía**

tuotantovälineet, joiden perustalle porvaristo rakensi itsensä

En una determinada etapa del desarrollo de estos medios de producción y de intercambio

Näiden tuotanto- ja vaihtovälineiden tietyssä kehitysvaiheessa

las condiciones bajo las cuales la sociedad feudal producía e intercambiaba

olosuhteet, joissa feodaalinen yhteiskunta tuotti ja vaihtoi

La organización feudal de la agricultura y la industria manufacturera

Maatalouden ja tehdasteollisuuden feodaalinen organisaatio

Las relaciones feudales de propiedad ya no eran compatibles con las condiciones materiales

Feodaaliset omistussuhteet eivät enää olleet yhteensopivia aineellisten ehtojen kanssa

Tuvieron que ser reventados en pedazos, por lo que fueron reventados en pedazos

Ne oli räjäytettävä, joten ne räjähtivät rikki

En su lugar entró la libre competencia de las fuerzas productivas

Heidän tilalleen astui vapaa kilpailu tuotantovoimista

y fueron acompañadas de una constitución social y política adaptada a ella

ja niihin liittyi siihen mukautettu sosiaalinen ja poliittinen perustuslaki

y fue acompañado por el dominio económico y político de la burguesía

ja siihen liittyi porvariston luokan taloudellinen ja poliittinen vaikutusvalta

Un movimiento similar está ocurriendo ante nuestros propios ojos

Samanlainen liike on käynnissä omien silmiemme edessä

La sociedad burguesa moderna con sus relaciones de producción, de intercambio y de propiedad

Nykyaikainen porvarisyhteiskunta tuotanto-, vaihto- ja omistussuhteineen

una sociedad que ha conjurado medios de producción y de intercambio tan gigantescos

yhteiskunta, joka on loihtinut tällaisia jättiläismäisiä tuotanto-
ja vaihtovälineitä

**Es como el hechicero que invocó los poderes del mundo
inferior**

Se on kuin velho, joka kutsui alamaailman voimat

Pero ya no es capaz de controlar lo que ha traído al mundo

Mutta hän ei enää pysty hallitsemaan sitä, mitä hän on tuonut
maailmaan

**Durante muchas décadas, la historia pasada estuvo unida
por un hilo conductor**

Monta vuosikymmentä mennyttä historiaa sitoi yhteen
punainen lanka

**La historia de la industria y del comercio no ha sido más que
la historia de las revueltas**

Teollisuuden ja kaupan historia on ollut vain kapinoiden
historiaa

**las revueltas de las fuerzas productivas modernas contra las
condiciones modernas de producción**

nykyaikaisten tuotantovoimien kapinat nykyaikaisia tuotanto-
olosuhteita vastaan

**Las revueltas de las fuerzas productivas modernas contra las
relaciones de propiedad**

nykyaikaisten tuotantovoimien kapinat omistussuhteita
vastaan

**estas relaciones de propiedad son las condiciones para la
existencia de la burguesía**

nämä omistussuhteet ovat porvariston olemassaolon
edellytyksiä

**y la existencia de la burguesía determina las reglas de las
relaciones de propiedad**

ja porvariston olemassaolo määrää omistussuhteiden säännöt

**Baste mencionar el retorno periódico de las crisis
comerciales**

Riittää, kun mainitaan kaupallisten kriisien säännöllinen
paluu

cada crisis comercial es más amenazante para la sociedad burguesa que la anterior

jokainen kaupallinen kriisi uhkaa porvariston yhteiskuntaa enemmän kuin edellinen

En estas crisis se destruye gran parte de los productos existentes

Näissä kriiseissä suuri osa olemassa olevista tuotteista tuhoutuu

Pero estas crisis también destruyen las fuerzas productivas previamente creadas

Mutta nämä kriisit tuhoavat myös aiemmin luodut tuotantovoimat

En todas las épocas anteriores, estas epidemias habrían parecido un absurdo

Kaikkina varhaisempina aikakausina nämä epidemiat olisivat vaikuttaneet järjettömiltä

porque estas epidemias son las crisis comerciales de la sobreproducción

Koska nämä epidemiat ovat ylituotannon kaupallisia kriisejä

De repente, la sociedad se encuentra de nuevo en un estado de barbarie momentánea

Yhteiskunta huomaa yhtäkkiä joutuneensa takaisin hetkellisen barbaarisuuden tilaan

como si una guerra universal de devastación hubiera cortado todos los medios de subsistencia

ikään kuin maailmanlaajuinen hävityssota olisi katkaissut kaikki toimeentulomahdollisuudet

la industria y el comercio parecen haber sido destruidos; ¿Y por qué?

teollisuus ja kauppa näyttävät tuhoutuneen; Ja miksi?

Porque hay demasiada civilización y medios de subsistencia

Koska sivistystä ja toimeentulokeinoja on liikaa

y porque hay demasiada industria y demasiado comercio

ja koska teollisuutta on liikaa ja kauppaa liikaa

Las fuerzas productivas a disposición de la sociedad ya no desarrollan la propiedad burguesa

Yhteiskunnan käytössä olevat tuotantovoimat eivät enää
kehitä porvariston omaisuutta
**por el contrario, se han vuelto demasiado poderosos para
estas condiciones, por las cuales están encadenados**
Päinvastoin, niistä on tullut liian voimakkaita näihin
olosuhteisiin, joilla ne ovat kahleissa
**tan pronto como superan estas cadenas, traen el desorden a
toda la sociedad burguesa**
heti kun he voittavat nämä kahleet, he tuovat epäjärjestystä
koko porvariston yhteiskuntaan
**y las fuerzas productivas ponen en peligro la existencia de la
propiedad burguesa**
ja tuotantovoimat vaarantavat porvariston omaisuuden
olemassaolon
**Las condiciones de la sociedad burguesa son demasiado
estrechas para abarcar la riqueza creada por ellas**
Porvariston yhteiskunnan olosuhteet ovat liian ahtaat
käsittääkseen niiden luoman vaurauden
¿Y cómo supera la burguesía estas crisis?
Ja miten porvaristo selviää näistä kriiseistä?
**Por un lado, supera estas crisis mediante la destrucción
forzada de una masa de fuerzas productivas**
Toisaalta se voittaa nämä kriisit tuhoamalla pakolla joukon
tuotantovoimia
**por otro lado, supera estas crisis mediante la conquista de
nuevos mercados**
Toisaalta se voittaa nämä kriisit valloittamalla uusia
markkinoita
**y supera estas crisis mediante la explotación más completa
de las viejas fuerzas productivas**
Ja se voittaa nämä kriisit vanhojen tuotantovoimien
perusteellisemmalla riistämisellä
**Es decir, allanando el camino para crisis más extensas y
destructivas**
Toisin sanoen tasoittamalla tietä laajemmille ja tuhoisammille
kriiseille

supera la crisis disminuyendo los medios para prevenir las crisis

Se voittaa kriisin vähentämällä keinoja, joilla kriisejä ehkäistään

Las armas con las que la burguesía derribó el feudalismo se vuelven ahora contra sí misma

Aseet, joilla porvaristo kaatoi feodalismin maan tasalle, ovat nyt kääntyneet itseään vastaan

Pero la burguesía no sólo ha forjado las armas que le dan la muerte

Mutta porvaristo ei ole ainoastaan takonut aseita, jotka tuovat kuoleman itselleen

También ha llamado a la existencia a los hombres que han de empuñar esas armas

Se on myös synnyttänyt miehet, joiden on määrä käyttää näitä aseita

Y estos hombres son la clase obrera moderna; Son los proletarios

ja nämä miehet ovat nykyaikainen työväenluokka; He ovat proletaareja;

En la misma proporción en que se desarrolla la burguesía, en la misma proporción se desarrolla el proletariado

Sitä mukaa kuin porvaristo kehittyy, samassa suhteessa kehittyy proletariaatti

La clase obrera moderna desarrolló una clase de trabajadores

Nykyaikainen työväenluokka kehitti työläisten luokan

Esta clase de obreros vive sólo mientras encuentran trabajo

Tämä työläisten luokka elää vain niin kauan kuin he löytävät työtä

y sólo encuentran trabajo mientras su trabajo aumenta el capital

ja he löytävät työtä vain niin kauan kuin heidän työnsä lisää pääomaa

Estos obreros, que deben venderse a destajo, son una mercancía

Nämä työläiset, joiden on myytävä itsensä pala palalta, ovat tavaraa

Estos obreros son como cualquier otro artículo de comercio

Nämä työläiset ovat kuin kaikki muutkin kauppatavarat

y, en consecuencia, están expuestos a todas las vicisitudes de la competencia

ja näin ollen ne ovat alttiina kaikille kilpailun vaihteluille

Tienen que capear todas las fluctuaciones del mercado

Heidän on kestettävä kaikki markkinoiden vaihtelut

Debido al uso extensivo de maquinaria y a la división del trabajo

Koneiden runsaan käytön ja työnjaon vuoksi

El trabajo de los proletarios ha perdido todo carácter individual

Proletaarien työ on menettänyt kaiken yksilöllisen luonteensa

y, en consecuencia, el trabajo de los proletarios ha perdido todo encanto para el obrero

Ja sen seurauksena proletaarien työ on menettänyt kaiken viehätysvoimansa työläiselle

Se convierte en un apéndice de la máquina, en lugar del hombre que una vez fue

Hänestä tulee koneen jatke eikä mies, joka hän kerran oli

Sólo se requiere de él la habilidad más simple, monótona y más fácil de adquirir

Häneltä vaaditaan vain yksinkertaisin, yksitoikkoisin ja helpoimmin hankittava taito

Por lo tanto, el costo de producción de un trabajador está restringido

Siksi työntekijän tuotantokustannukset ovat rajalliset

se restringe casi por completo a los medios de subsistencia que necesita para su manutención

se rajoittuu lähes yksinomaan toimeentuloon, jota hän tarvitsee elatukseensa

y se restringe a los medios de subsistencia que necesita para la propagación de su raza

ja se rajoittuu niihin elintarvikkeisiin, joita hän tarvitsee
rotunsa levittämiseen
**Pero el precio de una mercancía, y por lo tanto también del
trabajo, es igual a su costo de producción**
Mutta tavaran ja siis myös työn hinta on yhtä suuri kuin sen
tuotantokustannukset
**Por lo tanto, a medida que aumenta la repulsividad del
trabajo, disminuye el salario**
Samassa suhteessa, kun työn vastenmielisyys kasvaa, palkka
laskee
**Es más, la repulsión de su obra aumenta a un ritmo aún
mayor**
Ei, hänen työnsä vastenmielisyys lisääntyy vielä nopeammin
**A medida que aumenta el uso de maquinaria y la división
del trabajo, también lo hace la carga del trabajo**
Kun koneiden käyttö ja työnjako lisääntyvät, lisääntyy myös
raadannan taakka
**La carga del trabajo se incrementa con la prolongación de las
horas de trabajo**
Työn taakkaa lisää työajan pidentyminen
Se espera más del obrero en el mismo tiempo que antes
Työmieheltä odotetaan enemmän samassa ajassa kuin
ennenkin
**Y, por supuesto, la carga del trabajo aumenta por la
velocidad de la maquinaria**
ja tietysti työn taakkaa lisää koneen nopeus
**La industria moderna ha convertido el pequeño taller del
amo patriarcal en la gran fábrica del capitalista industrial**
Nykyaikainen teollisuus on muuttanut patriarkaalisen
mestarin pienen työpajan teollisuuskapitalistin suureksi
tehtaaksi
**Las masas de obreros, hacinados en la fábrica, están
organizadas como soldados**
Tehtaaseen tungetut työläisten massat ovat järjestäytyneet
kuin sotilaat

Como soldados rasos del ejército industrial están bajo el mando de una jerarquía perfecta de oficiales y sargentos

Teollisuusarmeijan yksityishenkilöinä heidät asetetaan upseerien ja kersanttien täydellisen hierarkian alaisuuteen

no sólo son esclavos de la burguesía y del Estado

he eivät ole vain porvariston luokan ja valtion orjia

pero también son esclavizados diariamente y cada hora por la máquina

Mutta kone orjuuttaa heidät myös päivittäin ja tunneittain

están esclavizados por el vigilante y, sobre todo, por el propio fabricante burgués

ne ovat sivustakatsojien orjuuttamia ja ennen kaikkea yksittäisen porvariston tehtailijan itsensä orjuuttamia

Cuanto más abiertamente proclama este despotismo que la ganancia es su fin y su fin, tanto más mezquino, más odioso y más amargo es

Mitä avoimemmin tämä despotismi julistaa päämääräkseen ja päämääräkseen voittoa, sitä pikkumaisempaa, vihamielisempää ja katkerampaa se on

Cuanto más se desarrolla la industria moderna, menores son las diferencias entre los sexos

Mitä nykyaikaisemmaksi teollisuus kehittyy, sitä pienemmät ovat sukupuolten väliset erot

Cuanto menor es la habilidad y el ejercicio de la fuerza implícitos en el trabajo manual, tanto más el trabajo de los hombres es reemplazado por el de las mujeres

Kuta vähemmän ruumiillisen työn edellyttämää taitoa ja voimankäyttöä on, sitä enemmän miesten työ syrjäyttää naisten työn

Las diferencias de edad y sexo ya no tienen ninguna validez social distintiva para la clase obrera

Ikä- ja sukupuolieroilla ei ole enää mitään erityistä yhteiskunnallista merkitystä työväenluokalle

Todos son instrumentos de trabajo, más o menos costosos de usar, según su edad y sexo

Kaikki ovat työvälineitä, jotka ovat enemmän tai vähemmän
kalliita käyttää iän ja sukupuolen mukaan
tan pronto como el obrero recibe su salario en efectivo, es
atacado por las otras partes de la burguesía
heti kun työläinen saa palkkansa käteisenä, porvariston muut
osat hyökkäävät hänen kimppuunsa
el propietario, el tendero, el prestamista, etc
vuokranantaja, kauppias, panttilainaamo jne
Los estratos más bajos de la clase media; los pequeños
comerciantes y tenderos
Keskiluokan alemmat kerrokset; Pienkauppiaat ja kauppiaat
los comerciantes jubilados en general, y los artesanos y
campesinos
eläkkeellä olevat kauppiaat yleensä ja käsityöläiset ja
talonpojat
todo esto se hunde poco a poco en el proletariado
kaikki nämä vajoavat vähitellen proletariaattiin
en parte porque su minúsculo capital no basta para la escala
en que se desarrolla la industria moderna
osittain siksi, että niiden pieni pääoma ei riitä siihen
mittakaavaan, jolla nykyaikaista teollisuutta harjoitetaan
y porque está inundada en la competencia con los grandes
capitalistas
ja koska se on hukkunut kilpailuun suurkapitalistien kanssa
en parte porque sus habilidades especializadas se vuelven
inútiles por los nuevos métodos de producción
osittain siksi, että uudet tuotantomenetelmät tekevät heidän
erikoistaitonsa arvottomiksi
De este modo, el proletariado es reclutado entre todas las
clases de la población
Näin proletariaatti värvätään kaikista väestöluokista
El proletariado pasa por varias etapas de desarrollo
Proletariaatti käy läpi eri kehitysvaiheita
Con su nacimiento comienza su lucha con la burguesía
Sen syntymän myötä alkaa taistelu porvariston kanssa

Al principio, la contienda es llevada a cabo por trabajadores individuales
Aluksi kilpailua jatkavat yksittäiset työläiset
Entonces el concurso es llevado a cabo por los obreros de una fábrica
Sitten kilpailua jatkavat tehtaan työläiset
Entonces la contienda es llevada a cabo por los operarios de un oficio, en una localidad
Sitten kilpailua jatkavat yhden ammatin toimijat yhdellä paikkakunnalla
y la contienda es entonces contra la burguesía individual que los explota directamente
ja silloin kilpailu käydään yksittäistä porvaristoa vastaan, joka suoraan riistää heitä
No dirigen sus ataques contra las condiciones de producción de la burguesía
He eivät suuntaa hyökkäyksiään porvariston tuotantoehtoja vastaan
pero dirigen su ataque contra los propios instrumentos de producción
Mutta he suuntaavat hyökkäyksensä itse tuotantovälineitä vastaan
destruyen mercancías importadas que compiten con su mano de obra
He tuhoavat tuontitavaroita, jotka kilpailevat heidän työvoimansa kanssa
Hacen pedazos la maquinaria y prenden fuego a las fábricas
He murskaavat koneita ja sytyttävät tehtaita tuleen
tratan de restaurar por la fuerza el estado desaparecido del obrero de la Edad Media
he pyrkivät väkivalloin palauttamaan keskiajan työläisen kadonneen aseman
En esta etapa, los obreros forman todavía una masa incoherente dispersa por todo el país
Tässä vaiheessa työläiset muodostavat vielä epäyhtenäisen joukon, joka on hajallaan koko maassa

y se rompen por su mutua competencia
ja heidän keskinäinen kilpailunsa hajottaa heidät
**Si en alguna parte se unen para formar cuerpos más
compactos, esto no es todavía la consecuencia de su propia
unión activa**
Jos missä tahansa he yhdistyvät muodostamaan pienempiä
elimiä, tämä ei ole vielä seurausta heidän omasta aktiivisesta
liitostaan
**pero es una consecuencia de la unión de la burguesía, para
alcanzar sus propios fines políticos**
mutta se on seurausta porvariston liitosta omien poliittisten
päämääriensä saavuttamiseksi
**la burguesía se ve obligada a poner en movimiento a todo el
proletariado**
porvariston on pakko panna liikkeelle koko proletariaatti
y además, por un momento, la burguesía es capaz de hacerlo
ja lisäksi porvaristo voi toistaiseksi tehdä niin
**Por lo tanto, en esta etapa, los proletarios no luchan contra
sus enemigos**
Tässä vaiheessa proletaarit eivät siis taistele vihollisiaan
vastaan
**sino que están luchando contra los enemigos de sus
enemigos**
Mutta sen sijaan he taistelevat vihollistensa vihollisia vastaan
**la lucha contra los restos de la monarquía absoluta y los
terratenientes**
Taistele absoluuttisen monarkian jäänteitä ja maanomistajia
vastaan
**luchan contra la burguesía no industrial; la pequeña
burguesía**
he taistelevat ei-teollista porvaristoa vastaan; pikkuporvaristo
**De este modo, todo el movimiento histórico se concentra en
manos de la burguesía**
Näin koko historiallinen liike on keskittynyt porvariston
käsiin
cada victoria así obtenida es una victoria para la burguesía

jokainen näin saavutettu voitto on porvariston voitto

Pero con el desarrollo de la industria, el proletariado no sólo aumenta en número

Mutta teollisuuden kehittyessä proletariaatti ei ainoastaan lisäänny

el proletariado se concentra en grandes masas y su fuerza crece

Proletariaatti keskittyy suurempiin joukkoihin ja sen voima kasvaa

y el proletariado siente cada vez más esa fuerza

ja proletariaatti tuntee tuon voiman yhä enemmän

Los diversos intereses y condiciones de vida en las filas del proletariado se igualan cada vez más

Erilaiset edut ja elinehdot proletariaatin riveissä ovat yhä enemmän tasaantuneet

se vuelven más proporcionales a medida que la maquinaria borra todas las distinciones de trabajo

Ne tulevat suhteellisemmiksi, kun koneet hävittävät kaikki työn erot

y la maquinaria reduce los salarios al mismo nivel bajo en casi todas partes

ja koneet lähes kaikkialla laskevat palkat samalle alhaiselle tasolle

La creciente competencia entre la burguesía, y las crisis comerciales resultantes, hacen que los salarios de los obreros sean cada vez más fluctuantes

Porvariston kasvava kilpailu ja siitä johtuvat kaupalliset kriisit tekevät työläisten palkat yhä vaihtelevammiksi

La mejora incesante de la maquinaria, que se desarrolla cada vez más rápidamente, hace que sus medios de vida sean cada vez más precarios

Koneiden lakkaamaton parantaminen, joka kehittyy yhä nopeammin, tekee heidän toimeentulostaan yhä epävarmempaa

los choques entre obreros individuales y burgueses individuales toman cada vez más el carácter de choques entre dos clases

yksittäisten työläisten ja yksittäisen porvariston väliset yhteentörmäykset saavat yhä enemmän kahden luokan välisten yhteentörmäysten luonteen

A partir de ese momento, los obreros comienzan a formar uniones (sindicatos) contra la burguesía

Sen jälkeen työläiset alkavat muodostaa liittoja (ammattiliittoja) porvaristoa vastaan

se agrupan para mantener el ritmo de los salarios

He lyöttäytyvät yhteen pitääkseen palkkatason yllä

Fundaron asociaciones permanentes para hacer frente de antemano a estas revueltas ocasionales

He perustivat pysyviä yhdistyksiä varautuakseen etukäteen näihin satunnaisiin kapinoihin;

Aquí y allá la contienda estalla en disturbios

Siellä täällä kilpailu puhkeaa mellakoihin

De vez en cuando los obreros salen victoriosos, pero sólo por un tiempo

Silloin tällöin työläiset voittavat, mutta vain joksikin aikaa

El verdadero fruto de sus batallas no reside en el resultado inmediato, sino en la unión cada vez mayor de los trabajadores

Heidän taistelujensa todellinen hedelmä ei ole välittömässä tuloksessa, vaan alati laajenevassa työläisten liitossa

Esta unión se ve favorecida por la mejora de los medios de comunicación creados por la industria moderna

Tätä liittoa auttavat nykyaikaisen teollisuuden luomat parannetut viestintävälineet

La comunicación moderna pone en contacto a los trabajadores de diferentes localidades

Nykyaikainen viestintä asettaa eri paikkakuntien työntekijät kosketuksiin toistensa kanssa

Era precisamente este contacto el que se necesitaba para centralizar las numerosas luchas locales en una lucha nacional entre clases

Juuri tätä yhteyttä tarvittiin keskittämään lukuisat paikalliset taistelut yhdeksi kansalliseksi luokkien väliseksi taisteluksi

Todas estas luchas tienen el mismo carácter, y toda lucha de clases es una lucha política

Kaikki nämä taistelut ovat luonteeltaan samanlaisia, ja jokainen luokkataistelu on poliittista taistelua

los burgueses de la Edad Media, con sus miserables carreteras, necesitaron siglos para formar sus uniones

keskiajan porvarit kurjine valtateineen tarvitsivat vuosisatoja liittojensa muodostamiseen

Los proletarios modernos, gracias a los ferrocarriles, logran sus sindicatos en pocos años

Nykyiset proletaarit, kiitos rautateiden, saavuttavat liittonsa muutamassa vuodessa

Esta organización de los proletarios en una clase los formó, por consiguiente, en un partido político

Tämä proletaarien järjestäytyminen luokaksi muovasi heistä poliittisen puolueen

La clase política se ve continuamente molesta por la competencia entre los propios trabajadores

Poliittinen luokka järkyttyy jatkuvasti työläisten keskinäisestä kilpailusta

Pero la clase política sigue levantándose de nuevo, más fuerte, más firme, más poderosa

Mutta poliittinen luokka jatkaa nousuaan uudelleen, vahvempana, lujempana, mahtavampana

Obliga al reconocimiento legislativo de los intereses particulares de los trabajadores

Se pakottaa tunnustamaan lainsäädännössä työntekijöiden erityiset edut

lo hace aprovechándose de las divisiones en el seno de la propia burguesía

se tekee sen käyttämällä hyväkseen porvariston välisiä erimielisyyksiä

De este modo, el proyecto de ley de las diez horas en Inglaterra se convirtió en ley

Näin Englannissa kymmenen tunnin lakiesitys pantiin lakiin

en muchos sentidos, las colisiones entre las clases de la vieja sociedad son, además, el curso del desarrollo del proletariado

Vanhan yhteiskunnan luokkien väliset yhteentörmäykset ovat monin tavoin proletariaatin kehityksen kulku

La burguesía se ve envuelta en una batalla constante

Porvaristo huomaa olevansa jatkuvassa taistelussa

Al principio se verá envuelto en una batalla constante con la aristocracia

Aluksi se joutuu jatkuvaan taisteluun aristokratian kanssa

más tarde se verá envuelta en una batalla constante con esas partes de la propia burguesía

myöhemmin se huomaa joutuneensa alituiseen taisteluun itse porvariston noita osia vastaan

y sus intereses se habrán vuelto antagónicos al progreso de la industria

ja heidän etunsa ovat muuttuneet teollisuuden kehityksen vastaisiksi

en todo momento, sus intereses se habrán vuelto antagónicos con la burguesía de los países extranjeros

heidän etunsa ovat kaikkina aikoina tulleet vihamielisiksi vieraiden maiden porvariston kanssa

En todas estas batallas se ve obligado a apelar al proletariado y pide su ayuda

Kaikissa näissä taisteluissa se katsoo olevansa pakotettu vetoamaan proletariaattiin ja pyytää sen apua

y, por lo tanto, se sentirá obligado a arrastrarlo a la arena política

Ja siten se tuntee olevansa pakotettu vetämään sen poliittiselle areenalle

La burguesía misma, por lo tanto, suministra al proletariado sus propios instrumentos de educación política y general

Porvaristo itse siis hankkii proletariaatille omat poliittisen ja yleissivistyksen välineensä

en otras palabras, suministra al proletariado armas para luchar contra la burguesía

toisin sanoen se varustaa proletariaatin aseilla taisteluun porvaristoa vastaan

Además, como ya hemos visto, sectores enteros de las clases dominantes se precipitan en el proletariado

Edelleen, kuten olemme jo nähneet, kokonaisia hallitsevien luokkien osia syöksytään proletariaattiin

el avance de la industria los absorbe en el proletariado

teollisuuden edistyminen imee heidät proletariaattiin

o, al menos, están amenazados en sus condiciones de existencia

tai ainakin he ovat uhattuina olemassaolonsa olosuhteissa

Estos también suministran al proletariado nuevos elementos de ilustración y progreso

Nämä tarjoavat proletariaatille myös uusia valistuksen ja edistyksen elementtejä

Finalmente, en momentos en que la lucha de clases se acerca a la hora decisiva

Lopuksi aikoina, jolloin luokkataistelu lähestyy ratkaisevaa hetkeä

el proceso de disolución que se está llevando a cabo en el seno de la clase dominante

hallitsevan luokan sisällä käynnissä oleva hajoamisprosessi

De hecho, la disolución que se está produciendo en el seno de la clase dominante se sentirá en toda la sociedad

Itse asiassa hallitsevan luokan sisällä tapahtuva hajoaminen tuntuu koko yhteiskunnan alueella

Tomará un carácter tan violento y deslumbrante, que un pequeño sector de la clase dominante se quedará a la deriva

Se saa niin väkivaltaisen, räikeän luonteen, että pieni osa hallitsevasta luokasta ajaa itsensä tuuliajolle

y esa clase dominante se unirá a la clase revolucionaria

ja tämä hallitseva luokka liittyy vallankumoukselliseen luokkaan

La clase revolucionaria es la clase que tiene el futuro en sus manos

vallankumouksellinen luokka on luokka, joka pitää tulevaisuutta käsissään

Al igual que en un período anterior, una parte de la nobleza se pasó a la burguesía

Aivan kuten aikaisemminkin, osa aatelistosta siirtyi porvaristolle

de la misma manera que una parte de la burguesía se pasará al proletariado

samalla tavalla osa porvaristosta siirtyy proletariaatille

en particular, una parte de la burguesía pasará a una parte de los ideólogos de la burguesía

eritoten osa porvaristosta siirtyy osalle porvariston ideologeja

Ideólogos burgueses que se han elevado al nivel de comprender teóricamente el movimiento histórico en su conjunto

Porvariston ideologit, jotka ovat nostaneet itsensä teoreettisesti ymmärtämään koko historiallista liikettä

De todas las clases que hoy se encuentran frente a frente con la burguesía, sólo el proletariado es una clase realmente revolucionaria

Kaikista luokista, jotka nykyään ovat kasvokkain porvariston kanssa, proletariaatti yksin on todella vallankumouksellinen luokka

Las otras clases decaen y finalmente desaparecen frente a la industria moderna

Muut luokat rappeutuvat ja lopulta katoavat modernin teollisuuden edessä

el proletariado es su producto especial y esencial

Proletariaatti on sen erityinen ja välttämätön tuote

La clase media baja, el pequeño fabricante, el tendero, el artesano, el campesino

Alempi keskiluokka, pientehtailija, kauppias, käsityöläinen,
talonpoika
todos ellos luchan contra la burguesía
kaikki nämä taistelevat porvaristoa vastaan
**Luchan como fracciones de la clase media para salvarse de la
extinción**
He taistelevat keskiluokan murto-osina pelastaakseen itsensä
sukupuutolta
Por lo tanto, no son revolucionarios, sino conservadores
Siksi he eivät ole vallankumouksellisia, vaan konservatiivisia
**Más aún, son reaccionarios, porque tratan de hacer
retroceder la rueda de la historia**
Lisäksi he ovat taantumuksellisia, sillä he yrittävät kääntää
historian pyörää taaksepäin
**Si por casualidad son revolucionarios, lo son sólo en vista de
su inminente transferencia al proletariado**
Jos he sattumalta ovat vallankumouksellisia, niin he ovat sitä
vain lähestyvän proletariaattiin siirtymisensä vuoksi
**Por lo tanto, no defienden sus intereses presentes, sino sus
intereses futuros**
He eivät siis puolusta nykyisyyttään, vaan tulevia etujaan
**abandonan su propio punto de vista para situarse en el del
proletariado**
he hylkäävät oman näkökantansa asettuakseen proletariaatin
kannalle
**La "clase peligrosa", la escoria social, esa masa pasivamente
putrefacta arrojada por las capas más bajas de la vieja
sociedad**
"Vaarallinen luokka", yhteiskunnallinen saasta, tuo
passiivisesti mätänevä massa, jonka vanhan yhteiskunnan
alimmat kerrokset heittävät pois
**pueden, aquí y allá, ser arrastrados al movimiento por una
revolución proletaria**
Proletaarinen vallankumous voi siellä täällä pyyhkäistä heidät
mukaan liikkeeseen

Sus condiciones de vida, sin embargo, la preparan mucho
más para el papel de un instrumento sobornado de la intriga
reaccionaria

Sen elinehdot valmistavat sitä kuitenkin paljon enemmän
taantumuksellisen juonittelun lahjottuun työkaluun

En las condiciones del proletariado, los de la vieja sociedad
en general están ya virtualmente desbordados

Proletariaatin oloissa vanhan yhteiskunnan olosuhteet ovat jo
käytännöllisesti katsoen hukkua

El proletario carece de propiedad

Proletaari on vailla omaisuutta

su relación con su mujer y sus hijos ya no tiene nada en
común con las relaciones familiares de la burguesía

hänen suhteellaan vaimoonsa ja lapsiinsa ei ole enää mitään
yhteistä porvariston perhesuhteiden kanssa

el trabajo industrial moderno, el sometimiento moderno al
capital, lo mismo en Inglaterra que en Francia, en Estados
Unidos como en Alemania

nykyaikainen teollinen työ, nykyaikainen alistuminen
pääomalle, sama Englannissa kuin Ranskassa, Amerikassa
kuin Saksassa

Su condición en la sociedad lo ha despojado de todo rastro
de carácter nacional

Hänen asemansa yhteiskunnassa on riisunut häneltä kaikki
kansallisen luonteen rippeet

El derecho, la moral, la religión, son para él otros tantos
prejuicios burgueses

Laki, moraali, uskonto ovat hänelle niin monia porvariston
ennakkoluuloja

y detrás de estos prejuicios acechan emboscados otros tantos
intereses burgueses

ja näiden ennakkoluulojen takana väijyy väijytyksessä yhtä
monta porvariston intressiä

Todas las clases precedentes que se impusieron trataron de
fortalecer su estatus ya adquirido

Kaikki edelliset luokat, jotka saivat ylemmän käden, pyrkivät
vahvistamaan jo hankittua asemaansa
**Lo hicieron sometiendo a la sociedad en general a sus
condiciones de apropiación**
He tekivät tämän alistamalla koko yhteiskunnan omimisen
ehdoilleen
**Los proletarios no pueden llegar a ser dueños de las fuerzas
productivas de la sociedad**
Proletaareista ei voi tulla yhteiskunnan tuotantovoimien
herroja
**sólo puede hacerlo aboliendo su propio modo anterior de
apropiación**
Se voi tehdä tämän vain lakkauttamalla oman aiemman
haltuunottotapansa
**y, por lo tanto, también suprime cualquier otro modo
anterior de apropiación**
ja siten se poistaa myös kaikki muut aikaisemmat
haltuunottotavat
No tienen nada propio que asegurar y fortificar
Heillä ei ole mitään omaa turvattavana ja linnoittavana
**Su misión es destruir todos los valores y seguros anteriores
de la propiedad individual**
Heidän tehtävänään on tuhota kaikki aikaisemmat
yksityisomaisuuden vakuudet ja vakuutukset
**Todos los movimientos históricos anteriores fueron
movimientos de minorías**
Kaikki aiemmat historialliset liikkeet olivat vähemmistöjen
liikkeitä
o eran movimientos en interés de las minorías
tai ne olivat vähemmistöjen etuja ajavia liikkeitä
**El movimiento proletario es el movimiento consciente e
independiente de la inmensa mayoría**
Proletaarinen liike on valtavan enemmistön itsetietoinen,
itsenäinen liike
Y es un movimiento en interés de la inmensa mayoría
Ja se on liike valtavan enemmistön etujen mukaisesti

El proletariado, el estrato más bajo de nuestra sociedad actual

Proletariaatti, nykyisen yhteiskuntamme alin kerros

no puede agitarse ni elevarse sin que todos los estratos superiores de la sociedad oficial salgan al aire

Se ei voi nousta tai kohota ilman, että virallisen yhteiskunnan kaikki ylemmät kerrokset nousevat ilmaan

Aunque no en el fondo, sí en la forma, la lucha del proletariado con la burguesía es, al principio, una lucha nacional

Proletariaatin taistelu porvaristoa vastaan on aluksi kansallista taistelua, vaikkakaan ei sisällöltään, mutta kuitenkin muodoltaan

El proletariado de cada país debe, por supuesto, en primer lugar arreglar las cosas con su propia burguesía

Jokaisen maan proletariaatin on tietenkin ensin selvitettävä asiat oman porvaristonsa kanssa

Al describir las fases más generales del desarrollo del proletariado, hemos trazado la guerra civil más o menos velada

Kuvatessamme proletariaatin kehityksen yleisimpiä vaiheita jäljitimme enemmän tai vähemmän verhotun sisällissodan

Este civil está haciendo estragos dentro de la sociedad existente

Tämä siviili raivoaa nykyisessä yhteiskunnassa

Se enfurecerá hasta el punto en que esa guerra estalle en una revolución abierta

Se raivoaa siihen pisteeseen asti, että sota puhkeaa avoimeksi vallankumoukseksi

y luego el derrocamiento violento de la burguesía sienta las bases para el dominio del proletariado

ja sitten porvariston väkivaltainen kukistaminen luo perustan proletariaatin vallalle

Hasta ahora, todas las formas de sociedad se han basado, como ya hemos visto, en el antagonismo de las clases opresoras y oprimidas

Tähän asti kaikki yhteiskuntamuodot ovat perustuneet, kuten olemme jo nähneet, sortavien ja sorrettujen luokkien vastakkainasetteluun

Pero para oprimir a una clase, hay que asegurarle ciertas condiciones

Mutta luokan sortamiseksi sille on taattava tietyt ehdot

La clase debe ser mantenida en condiciones en las que pueda, por lo menos, continuar su existencia servil

Luokka on pidettävä olosuhteissa, joissa se voi ainakin jatkaa orjallista olemassaoloaan

El siervo, en el período de la servidumbre, se elevaba a la comuna

Maaorja, orjuuden aikana, nosti itsensä kunnan jäseneksi

del mismo modo que la pequeña burguesía, bajo el yugo del absolutismo feudal, logró convertirse en burguesía

aivan kuten pikkuporvaristo feodaalisen absolutismin ikeen alla onnistui kehittymään porvaristoksi

El obrero moderno, por el contrario, en lugar de elevarse con el progreso de la industria, se hunde cada vez más

Päinvastoin, sen sijaan että moderni työläinen nousisi teollisuuden kehityksen mukana, vajoaa yhä syvemmälle

se hunde por debajo de las condiciones de existencia de su propia clase

Hän vajoaa oman luokkansa olemassaolon ehtojen alapuolelle

Se convierte en un indigente, y el pauperismo se desarrolla más rápidamente que la población y la riqueza

Hänestä tulee köyhä, ja köyhyys kehittyy nopeammin kuin väestö ja vauraus

Y aquí se hace evidente que la burguesía ya no es apta para ser la clase dominante de la sociedad

Ja tässä käy ilmeiseksi, että porvaristo ei enää sovellu yhteiskunnan hallitsevaksi luokaksi

y no es apta para imponer sus condiciones de existencia a la sociedad como una ley imperativa

ja on sopimatonta asettaa olemassaolonsa ehtoja yhteiskunnalle pakottavana lakina

Es incapaz de gobernar porque es incapaz de asegurar una existencia a su esclavo dentro de su esclavitud
Se on sopimaton hallitsemaan, koska se on kyvytön takaamaan orjalleen olemassaolon orjuudessaan
porque no puede evitar dejarlo hundirse en tal estado, que tiene que alimentarlo, en lugar de ser alimentado por él
koska se ei voi olla antamatta hänen vajota sellaiseen tilaan, että sen on ruokittava hänet sen sijaan, että hän ruokkisi häntä
La sociedad ya no puede vivir bajo esta burguesía
Yhteiskunta ei voi enää elää tämän porvariston alaisuudessa
En otras palabras, su existencia ya no es compatible con la sociedad
Toisin sanoen sen olemassaolo ei ole enää yhteensopiva yhteiskunnan kanssa
La condición esencial para la existencia y el dominio de la burguesía es la formación y el aumento del capital
Porvarisluokan olemassaolon ja vallan välttämätön edellytys on pääoman muodostuminen ja lisääminen
La condición del capital es el trabajo asalariado
Pääoman ehtona on palkkatyö
El trabajo asalariado se basa exclusivamente en la competencia entre los trabajadores
Palkkatyö perustuu yksinomaan työläisten väliseen kilpailuun
El avance de la industria, cuyo promotor involuntario es la burguesía, sustituye al aislamiento de los obreros
Teollisuuden edistyminen, jonka vastentahtoinen edistäjä on porvaristo, korvaa työläisten eristyneisyyden
por la competencia, por su combinación revolucionaria, por la asociación
johtuen kilpailusta, niiden vallankumouksellisesta yhdistelmästä, yhdistymisestä johtuen
El desarrollo de la industria moderna corta bajo sus pies los cimientos mismos sobre los cuales la burguesía produce y se apropia de los productos
Nykyaikaisen teollisuuden kehitys leikkaa jalkojensa alta juuri sen perustan, jolle porvaristo tuottaa ja anastaa tuotteita

Lo que la burguesía produce, sobre todo, son sus propios sepultureros

Porvaristo tuottaa ennen kaikkea omia haudankaivajiaan

La caída de la burguesía y la victoria del proletariado son igualmente inevitables

Porvariston kukistuminen ja proletariaatin voitto ovat yhtä väistämättömiä

Proletarios y comunistas
Proletaarit ja kommunistit

¿Qué relación tienen los comunistas con el conjunto de los proletarios?
Missä suhteessa kommunistit ovat proletaareihin kokonaisuudessaan?

Los comunistas no forman un partido separado opuesto a otros partidos de la clase obrera
Kommunistit eivät muodosta erillistä puoluetta, joka vastaisi muita työväenluokan puolueita

No tienen intereses separados y aparte de los del proletariado en su conjunto
Heillä ei ole mitään etuja, jotka olisivat erillisiä ja erillään koko proletariaatin intresseistä

No establecen ningún principio sectario propio, con el cual dar forma y moldear el movimiento proletario
He eivät aseta mitään omia lahkolaisia periaatteita, joiden avulla he voisivat muokata ja muokata proletaarista liikettä

Los comunistas se distinguen de los demás partidos obreros sólo por dos cosas
Kommunistit eroavat muista työväenluokan puolueista vain kahdella asialla

En primer lugar, señalan y ponen en primer plano los intereses comunes de todo el proletariado, independientemente de toda nacionalidad
Ensinnäkin he korostavat ja tuovat etualalle koko proletariaatin yhteiset edut kansallisuudesta riippumatta

Esto lo hacen en las luchas nacionales de los proletarios de los diferentes países
Tämän he tekevät eri maiden proletaarien kansallisissa taisteluissa

En segundo lugar, siempre y en todas partes representan los intereses del movimiento en su conjunto
Toiseksi he edustavat aina ja kaikkialla koko liikkeen etuja

esto lo hacen en las diversas etapas de desarrollo por las que tiene que pasar la lucha de la clase obrera contra la burguesía

tämän he tekevät eri kehitysvaiheissa, jotka työväenluokan taistelun porvaristoa vastaan on käytävä läpi

Los comunistas son, por lo tanto, por una parte, prácticamente, el sector más avanzado y resuelto de los partidos obreros de todos los países

Kommunistit ovat siis käytännöllisesti katsoen kaikkien maiden työväenpuolueiden edistynein ja päättäväisin osa

Son ese sector de la clase obrera que empuja hacia adelante a todos los demás

He ovat se työväenluokan osa, joka puskee kaikkia muita eteenpäin

Teóricamente, también tienen la ventaja de entender claramente la línea de marcha

Teoreettisesti heillä on myös se etu, että he ymmärtävät selvästi marssilinjan

Esto lo comprenden mejor comparado con la gran masa del proletariado

Tämän he ymmärtävät paremmin verrattuna proletariaatin suuriin joukkoihin

Comprenden las condiciones y los resultados generales finales del movimiento proletario

He ymmärtävät proletaarisen liikkeen ehdot ja lopulliset yleiset tulokset

El objetivo inmediato del comunista es el mismo que el de todos los demás partidos proletarios

Kommunistisen puolueen välitön päämäärä on sama kuin kaikkien muidenkin proletaaristen puolueiden

Su objetivo es la formación del proletariado en una clase

Heidän päämääränään on proletariaatin muodostaminen luokaksi

su objetivo es derrocar la supremacía burguesa

he pyrkivät kukistamaan porvariston ylivallan

la lucha por la conquista del poder político por el proletariado
pyrkimys proletariaatin poliittisen vallan valloittamiseen
Las conclusiones teóricas de los comunistas no se basan en modo alguno en ideas o principios de reformadores
Kommunistien teoreettiset johtopäätökset eivät millään tavoin perustu uudistajien ajatuksiin tai periaatteisiin
no fueron los aspirantes a reformadores universales los que inventaron o descubrieron las conclusiones teóricas de los comunistas
mahdolliset yleismaailmalliset uudistajat eivät keksineet tai löytäneet kommunistien teoreettisia johtopäätöksiä
Se limitan a expresar, en términos generales, las relaciones reales que surgen de una lucha de clases existente
Ne vain ilmaisevat yleisesti olemassa olevasta luokkataistelusta kumpuavia todellisia suhteita
Y describen el movimiento histórico que está ocurriendo ante nuestros propios ojos y que ha creado esta lucha de clases
Ja ne kuvaavat silmiemme alla tapahtuvaa historiallista liikettä, joka on luonut tämän luokkataistelun
La abolición de las relaciones de propiedad existentes no es en absoluto un rasgo distintivo del comunismo
Olemassa olevien omistussuhteiden poistaminen ei ole lainkaan kommunismin erottuva piirre
Todas las relaciones de propiedad en el pasado han estado continuamente sujetas a cambios históricos
Kaikki menneisyyden omistussuhteet ovat jatkuvasti olleet historiallisen muutoksen kohteena
y estos cambios fueron consecuencia del cambio en las condiciones históricas
Ja nämä muutokset johtuivat historiallisten olojen muuttumisesta
La Revolución Francesa, por ejemplo, abolió la propiedad feudal en favor de la propiedad burguesa

Esimerkiksi Ranskan vallankumous lakkautti feodaalisen
omaisuuden porvariston omaisuuden hyväksi

**El rasgo distintivo del comunismo no es la abolición de la
propiedad, en general**

Kommunismin tunnusomainen piirre ei ole omaisuuden
lakkauttaminen yleensä

**pero el rasgo distintivo del comunismo es la abolición de la
propiedad burguesa**

mutta kommunismin tunnusomainen piirre on porvariston
omaisuuden lakkauttaminen

**Pero la propiedad privada de la burguesía moderna es la
expresión última y más completa del sistema de producción
y apropiación de productos**

Mutta nykyajan porvariston yksityisomistus on tuotteiden
tuotanto- ja omistusjärjestelmän lopullinen ja täydellisin
ilmentymä

**Es el estado final de un sistema que se basa en los
antagonismos de clase, donde el antagonismo de clase es la
explotación de la mayoría por unos pocos**

Se on luokkavastakohtaisuuksiin perustuvan järjestelmän
lopullinen tila, jossa luokkavastakohtaisuus on harvojen
harjoittamaa monien riistoa

**En este sentido, la teoría de los comunistas puede resumirse
en una sola frase; la abolición de la propiedad privada**

Tässä mielessä kommunistien teoria voidaan tiivistää yhteen
lauseeseen; yksityisomistuksen lakkauttaminen

**A los comunistas se nos ha reprochado el deseo de abolir el
derecho de adquirir personalmente la propiedad**

Meitä kommunisteja on moitittu halusta poistaa oikeus
hankkia omaisuutta henkilökohtaisesti

**Se afirma que esta propiedad es el fruto del propio trabajo
de un hombre**

Väitetään, että tämä omaisuus on ihmisen oman työn tulos

**y se alega que esta propiedad es la base de toda libertad,
actividad e independencia personal.**

Ja tämän omaisuuden väitetään olevan kaiken henkilökohtaisen vapauden, toiminnan ja itsenäisyyden perusta.

"¡Propiedad ganada con esfuerzo, adquirida por uno mismo, ganada por uno mismo!"

"Kovalla työllä hankittu, itse hankittu, itse ansaittu omaisuus!"

¿Te refieres a la propiedad del pequeño artesano y del pequeño campesino?

Tarkoitatteko pikkukäsityöläisten ja pientalonpoikien omaisuutta?

¿Te refieres a una forma de propiedad que precedió a la forma burguesa?

Tarkoitatko sellaista omaisuuden muotoa, joka edelsi porvariston muotoa?

No hay necesidad de abolir eso, el desarrollo de la industria ya lo ha destruido en gran medida

Sitä ei tarvitse poistaa, teollisuuden kehitys on jo suurelta osin tuhonnut sen

y el desarrollo de la industria sigue destruyéndola diariamente

ja teollisuuden kehitys tuhoaa sitä edelleen päivittäin

¿O te refieres a la propiedad privada de la burguesía moderna?

Vai tarkoitatko nykyaikaista porvariston yksityisomaisuutta?

Pero, ¿crea el trabajo asalariado alguna propiedad para el trabajador?

Mutta luoko palkkatyö työläiselle mitään omaisuutta?

¡No, el trabajo asalariado no crea ni una pizca de este tipo de propiedad!

Ei, palkkatyö ei luo tippaakaan tällaista omaisuutta!

Lo que sí crea el trabajo asalariado es capital; ese tipo de propiedad que explota el trabajo asalariado

palkkatyö luo pääomaa; sellainen omaisuus, joka riistää palkkatyötä

El capital no puede aumentar sino a condición de engendrar una nueva oferta de trabajo asalariado para una nueva explotación

Pääoma ei voi lisääntyä muutoin kuin sillä ehdolla, että syntyy uusi palkkatyön tarjonta uutta riistoa varten

La propiedad, en su forma actual, se basa en el antagonismo entre el capital y el trabajo asalariado

Omaisuus nykyisessä muodossaan perustuu pääoman ja palkkatyön vastakohtaisuuteen

Examinemos los dos lados de este antagonismo

Tarkastelkaamme tämän vastakkainasettelun molempia puolia

Ser capitalista es tener no sólo un estatus puramente personal

Kapitalistina oleminen ei tarkoita pelkästään henkilökohtaista asemaa

En cambio, ser capitalista es también tener un estatus social en la producción

Sen sijaan kapitalistina oleminen tarkoittaa myös yhteiskunnallista asemaa tuotannossa

porque el capital es un producto colectivo; Sólo mediante la acción unida de muchos miembros puede ponerse en marcha

koska pääoma on kollektiivinen tuote; Se voidaan panna liikkeelle vain monien jäsenten yhteisellä toiminnalla

Pero esta acción unida es el último recurso, y en realidad requiere de todos los miembros de la sociedad

Mutta tämä yhtenäinen toiminta on viimeinen keino ja vaatii itse asiassa kaikkia yhteiskunnan jäseniä

El capital se convierte en propiedad de todos los miembros de la sociedad

Pääoma muuttuu yhteiskunnan kaikkien jäsenten omaisuudeksi

pero el Capital no es, por lo tanto, un poder personal; Es un poder social

mutta pääoma ei siis ole persoonallinen voima; Se on sosiaalinen voima

Así, cuando el capital se convierte en propiedad social, la propiedad personal no se transforma en propiedad social

Kun pääoma siis muunnetaan yhteiskunnalliseksi omaisuudeksi, henkilökohtaista omaisuutta ei sillä keinoin muuteta yhteiskunnalliseksi omaisuudeksi

Lo único que cambia es el carácter social de la propiedad y pierde su carácter de clase

Vain omaisuuden sosiaalinen luonne muuttuu ja menettää luokkaluonteensa

Veamos ahora el trabajo asalariado

Katsokaamme nyt palkkatyötä

El precio medio del trabajo asalariado es el salario mínimo, es decir, la cantidad de medios de subsistencia

Palkkatyön keskihinta on minimipalkka, ts. tuo toimeentulovälineiden määrä

Este salario es absolutamente necesario en la mera existencia de un obrero

Tämä palkka on ehdoton edellytys pelkälle olemassaololle työläisenä

Por lo tanto, lo que el asalariado se apropia por medio de su trabajo, sólo basta para prolongar y reproducir una existencia desnuda

Se, minkä palkkatyöläinen siis anastaa työllään, riittää vain pidentämään ja uusintamaan pelkän olemassaolon

De ninguna manera pretendemos abolir esta apropiación personal de los productos del trabajo

Emme missään nimessä aio lakkauttaa tätä työn tuotteiden henkilökohtaista haltuunottoa

una apropiación que se hace para el mantenimiento y la reproducción de la vida humana

määräraha, joka on tehty ihmiselämän ylläpitoon ja uusintamiseen

Tal apropiación personal de los productos del trabajo no deja ningún excedente con el que ordenar el trabajo de otros

Tällainen työn tuotteiden henkilökohtainen haltuunotto ei jätä ylijäämää, jolla hallita muiden työtä;

Lo único que queremos eliminar es el carácter miserable de esta apropiación
Haluamme päästä eroon vain tämän määrärahan surkeasta luonteesta
la apropiación bajo la cual vive el obrero sólo para aumentar el capital
määräraha, jonka alaisuudessa työläinen elää vain pääoman lisäämiseksi;
Sólo se le permite vivir en la medida en que lo exija el interés de la clase dominante
Hän saa elää vain niin kauan kuin hallitsevan luokan etu sitä vaatii
En la sociedad burguesa, el trabajo vivo no es más que un medio para aumentar el trabajo acumulado
Porvarisyhteiskunnassa elävä työ on vain keino lisätä kasautunutta työtä
En la sociedad comunista, el trabajo acumulado no es más que un medio para ampliar, para enriquecer y para promover la existencia del obrero
Kommunistisessa yhteiskunnassa kasautunut työ on vain keino laajentaa, rikastuttaa ja edistää työläisen olemassaoloa
En la sociedad burguesa, por lo tanto, el pasado domina al presente
Porvarillisessa yhteiskunnassa menneisyys hallitsee siis nykyisyyttä
en la sociedad comunista el presente domina al pasado
kommunistisessa yhteiskunnassa nykyisyys hallitsee menneisyyttä
En la sociedad burguesa el capital es independiente y tiene individualidad
Porvarillisessa yhteiskunnassa pääoma on itsenäistä ja yksilöllistä
En la sociedad burguesa la persona viva es dependiente y no tiene individualidad
Porvarillisessa yhteiskunnassa elävä ihminen on riippuvainen eikä hänellä ole yksilöllisyyttä

¡Y la abolición de este estado de cosas es llamada por la burguesía, abolición de la individualidad y de la libertad!
Ja porvaristo kutsuu tämän asiaintilan lakkauttamista, yksilöllisyyden ja vapauden lakkauttamista!

¡Y con razón se llama la abolición de la individualidad y de la libertad!
Ja sitä kutsutaan oikeutetusti yksilöllisyyden ja vapauden poistamiseksi!

El comunismo aspira a la abolición de la individualidad burguesa
Kommunismi pyrkii hävittämään porvariston yksilöllisyyden

El comunismo pretende la abolición de la independencia burguesa
Kommunismi pyrkii lakkauttamaan porvariston itsenäisyyden

La libertad burguesa es, sin duda, a lo que aspira el comunismo
Porvariston vapaus on epäilemättä se, mihin kommunismi tähtää

en las actuales condiciones de producción de la burguesía, la libertad significa libre comercio, libre venta y compra
Porvariston nykyisissä tuotantoehdoissa vapaus merkitsee vapaata kauppaa, vapaata myyntiä ja ostamista

Pero si desaparece la venta y la compra, también desaparece la libre venta y la compra
Mutta jos myyminen ja ostaminen katoavat, katoaa myös vapaa myynti ja ostaminen

Las "palabras valientes" de la burguesía sobre la libre venta y compra sólo tienen sentido en un sentido limitado
Porvariston »rohkeilla sanoilla» vapaasta myynnistä ja ostamisesta on merkitystä vain rajoitetussa merkityksessä

Estas palabras tienen significado solo en contraste con la venta y la compra restringidas
Näillä sanoilla on merkitystä vain toisin kuin rajoitetulla myynnillä ja ostamisella

y estas palabras sólo tienen sentido cuando se aplican a los comerciantes encadenados de la Edad Media

ja näillä sanoilla on merkitystä vain silloin, kun niitä
sovelletaan keskiajan kahlehtineisiin kauppiaisiin
**y eso supone que estas palabras incluso tienen un
significado en un sentido burgués**
ja se olettaa, että näillä sanoilla on jopa merkitystä
porvarillisessa mielessä
**pero estas palabras no tienen ningún significado cuando se
usan para oponerse a la abolición comunista de la compra y
venta**
mutta näillä sanoilla ei ole mitään merkitystä, kun niitä
käytetään vastustamaan kommunistista ostamisen ja
myymisen poistamista
**las palabras no tienen sentido cuando se usan para oponerse
a la abolición de las condiciones de producción de la
burguesía**
sanoilla ei ole mitään merkitystä, kun niitä käytetään
vastustamaan porvariston tuotantoehtojen lakkauttamista
**y no tienen ningún sentido cuando se utilizan para oponerse
a la abolición de la propia burguesía**
eikä niillä ole mitään merkitystä, kun niitä käytetään
vastustamaan itse porvariston lakkauttamista
**Ustedes están horrorizados de nuestra intención de acabar
con la propiedad privada**
Olette kauhuissanne siitä, että aiomme hävittää
yksityisomaisuuden
**Pero en la sociedad actual, la propiedad privada ya ha sido
eliminada para las nueve décimas partes de la población**
Mutta nykyisessä yhteiskunnassanne yksityisomistus on jo
hävitetty yhdeksältä kymmenesosalta väestöstä
**La existencia de la propiedad privada para unos pocos se
debe únicamente a su inexistencia en manos de las nueve
décimas partes de la población**
Yksityisomaisuuden olemassaolo harvoille johtuu yksinomaan
siitä, että sitä ei ole yhdeksän kymmenesosan väestöstä käsissä
**Por lo tanto, nos reprochas que pretendamos acabar con una
forma de propiedad**

Te moititte meitä siis siitä, että aiomme hävittää eräänlaisen
omaisuuden
**Pero la propiedad privada requiere la inexistencia de
propiedad alguna para la inmensa mayoría de la sociedad**
Mutta yksityisomistus tekee välttämättömäksi, ettei
yhteiskunnan suunnattomalle enemmistölle ole mitään
omaisuutta
**En una palabra, nos reprochas que pretendamos acabar con
tu propiedad**
Yhdellä sanalla moititte meitä aikomuksestamme hävittää
omaisuutenne
**Y es precisamente así; prescindir de su propiedad es justo lo
que pretendemos**
Ja juuri niin; Omaisuutesi poistaminen on juuri sitä, mitä
aiomme
**Desde el momento en que el trabajo ya no puede convertirse
en capital, dinero o renta**
Siitä hetkestä lähtien, kun työtä ei voida enää muuttaa
pääomaksi, rahaksi tai vuokraksi
**cuando el trabajo ya no puede convertirse en un poder social
capaz de ser monopolizado**
kun työtä ei voida enää muuttaa monopolisoitavaksi
yhteiskunnalliseksi mahdiksi
**desde el momento en que la propiedad individual ya no
puede transformarse en propiedad burguesa**
siitä hetkestä lähtien, kun yksityistä omaisuutta ei enää voida
muuttaa porvariston omaisuudeksi
**desde el momento en que la propiedad individual ya no
puede transformarse en capital**
siitä hetkestä lähtien, kun yksilöllistä omaisuutta ei enää voida
muuttaa pääomaksi
**A partir de ese momento, dices que la individualidad se
desvanece**
Siitä hetkestä lähtien sanot, että yksilöllisyys katoaa
**Debéis confesar, pues, que por "individuo" no os referimos a
otra persona que a la burguesía**

Teidän on siis tunnustettava, että »yksilöllä» ei tarkoiteta
ketään muuta henkilöä kuin porvaristoa

**Debes confesar que se refiere específicamente al propietario
de una propiedad de clase media**

Sinun on tunnustettava, että se viittaa nimenomaan
keskiluokan omaisuuden omistajaan

**Esta persona debe, en verdad, ser barrida del camino, y
hecha imposible**

Tämä henkilö on todellakin pyyhkäistävä pois tieltä ja tehtävä
mahdottomaksi

**El comunismo no priva a ningún hombre del poder de
apropiarse de los productos de la sociedad**

Kommunismi ei riistä keneltäkään valtaa anastaa
yhteiskunnan tuotteita

**todo lo que hace el comunismo es privarlo del poder de
subyugar el trabajo de otros por medio de tal apropiación**

kommunismi vain riistää häneltä vallan alistaa muiden työ
tällaisen haltuunoton avulla

**Se ha objetado que, tras la abolición de la propiedad
privada, cesará todo trabajo**

On vastustettu, että yksityisomistuksen lakkauttamisen
jälkeen kaikki työ lakkaa

**y entonces se sugiere que la pereza universal se apoderará de
nosotros**

Ja sitten ehdotetaan, että yleinen laiskuus ohittaa meidät

**De acuerdo con esto, la sociedad burguesa debería haber ido
hace mucho tiempo a los perros por pura ociosidad**

Tämän mukaan porvariston yhteiskunnan olisi jo kauan sitten
pitänyt mennä koirille silkan joutilaisuuden kautta

**porque los de sus miembros que trabajan, no adquieren
nada**

koska ne sen jäsenet, jotka työskentelevät, eivät saa mitään

y los de sus miembros que adquieren algo, no trabajan

ja ne sen jäsenet, jotka hankkivat jotain, eivät toimi

**Toda esta objeción no es más que otra expresión de la
tautología**

Koko tämä vastaväite on vain yksi tautologian ilmentymä

Ya no puede haber trabajo asalariado cuando ya no hay capital

Palkkatyötä ei voi enää olla, kun pääomaa ei enää ole

No hay diferencia entre los productos materiales y los productos mentales

Aineellisten tuotteiden ja henkisten tuotteiden välillä ei ole eroa

El comunismo propone que ambos se producen de la misma manera

Kommunismi ehdottaa, että nämä molemmat tuotetaan samalla tavalla

pero las objeciones contra los modos comunistas de producirlos son las mismas

mutta vastaväitteet kommunistisia tuotantotapoja vastaan ovat samat

para la burguesía, la desaparición de la propiedad de clase es la desaparición de la producción misma

Porvaristolle luokkaomaisuuden katoaminen merkitsee itse tuotannon katoamista

De modo que la desaparición de la cultura de clase es para él idéntica a la desaparición de toda cultura

Niinpä luokkakulttuurin katoaminen on hänelle sama asia kuin koko kulttuurin katoaminen

Esa cultura, cuya pérdida lamenta, es para la inmensa mayoría un mero entrenamiento para actuar como una máquina

Tämä kulttuuri, jonka menetystä hän harmittelee, on valtaosalle pelkkää koulutusta toimimaan koneena

Los comunistas tienen la firme intención de abolir la cultura de la propiedad burguesa

Kommunistit aikovat kovasti hävittää porvariston omistuskulttuurin

Pero no discutan con nosotros mientras apliquen el estándar de sus nociones burguesas de libertad, cultura, ley, etc

Mutta älkää kiistelkö kanssamme niin kauan kuin sovellatte
porvariston käsityksiä vapaudesta, kulttuurista, laista jne
**Vuestras mismas ideas no son más que el resultado de las
condiciones de la producción burguesa y de la propiedad
burguesa**
Teidän nimenomaiset ajatuksenne ovat vain porvariston
tuotannon ja porvariston omaisuuden ehtojen seurauksia
**del mismo modo que vuestra jurisprudencia no es más que
la voluntad de vuestra clase convertida en ley para todos**
Aivan kuten oikeuskäytäntösi on, mutta luokkasi tahto on
tehty laiksi kaikille
**El carácter esencial y la dirección de esta voluntad están
determinados por las condiciones económicas que crea su
clase social**
Tämän tahdon olennainen luonne ja suunta määräytyvät
yhteiskuntaluokkanne luomien taloudellisten olosuhteiden
mukaan
**El concepto erróneo egoísta que te induce a transformar las
formas sociales en leyes eternas de la naturaleza y de la
razón**
Itsekäs väärinkäsitys, joka saa sinut muuttamaan sosiaaliset
muodot ikuisiksi luonnon- ja järjen laeiksi
**las formas sociales que brotan de vuestro actual modo de
producción y de vuestra forma de propiedad**
yhteiskunnalliset muodot, jotka juontavat juurensa nykyisestä
tuotantotavastanne ja omistusmuodostanne
**relaciones históricas que surgen y desaparecen en el
progreso de la producción**
historialliset suhteet, jotka nousevat ja katoavat tuotannon
kehittyessä
**Este concepto erróneo lo compartes con todas las clases
dominantes que te han precedido**
Tämän väärinkäsityksen jaat jokaisen hallitsevan luokan
kanssa, joka on edeltänyt sinua
**Lo que se ve claramente en el caso de la propiedad antigua,
lo que se admite en el caso de la propiedad feudal**

Mitä näette selvästi muinaisen omaisuuden tapauksessa, mitä
myönnätte feodaalisen omaisuuden tapauksessa
**estas cosas, por supuesto, le está prohibido admitir en el caso
de su propia forma burguesa de propiedad**
näitä asioita teitä on tietenkin kielletty myöntämästä oman
porvariston omistusmuodon tapauksessa;
**¡Abolición de la familia! Hasta los más radicales estallan
ante esta infame propuesta de los comunistas**
Perheen lakkauttaminen! Jopa radikaaleimmat leimahtavat
tätä kommunistien surullisen kuuluisaa ehdotusta
**¿Sobre qué base se asienta la familia actual, la familia
Bourgeoisie?**
Mille perustalle nykyinen perhe, porvarisperhe, perustuu?
**La base de la familia actual se basa en el capital y la
ganancia privada**
Nykyisen perheen perusta perustuu pääomaan ja yksityiseen
hyötyyn
**En su forma completamente desarrollada, esta familia sólo
existe entre la burguesía**
Täysin kehittyneessä muodossaan tämä perhe on olemassa
vain porvariston keskuudessa
**Este estado de cosas encuentra su complemento en la
ausencia práctica de la familia entre los proletarios**
Tämä asiaintila saa täydennyksensä, kun proletaarien
keskuudessa ei käytännössä ole perhettä
**Este estado de cosas se puede encontrar en la prostitución
pública**
Tämä asiaintila löytyy julkisesta prostituutiosta
**La familia Bourgeoisie se desvanecerá como algo natural
cuando su complemento se desvanezca**
Porvarisperhe katoaa itsestäänselvyytenä, kun sen täydennys
katoaa
y ambos se desvanecerán con la desaparición del capital
Ja nämä molemmat tulevat katoamaan pääoman kadotessa
**¿Nos acusan de querer detener la explotación de los niños
por parte de sus padres?**

Syytättekö meitä siitä, että haluamme lopettaa vanhempien
harjoittaman lasten hyväksikäytön?

De este crimen nos declaramos culpables
Tähän rikokseen tunnustamme syyllisyytemme

**Pero, dirás, destruimos la más sagrada de las relaciones,
cuando reemplazamos la educación en el hogar por la
educación social**
Mutta te sanotte, me tuhoamme kaikkein pyhimmät suhteet,
kun korvaamme kotiopetuksen sosiaalisella kasvatuksella

**¿No es también social su educación? ¿Y no está determinado
por las condiciones sociales en las que se educa?**
Eikö koulutuksesi ole myös sosiaalista? Ja eikö se määräydy
sosiaalisten olojen mukaan, joissa koulutat?

**por la intervención, directa o indirecta, de la sociedad, por
medio de las escuelas, etc.**
yhteiskunnan suoralla tai välillisellä väliintulolla, koulujen
kautta jne.

**Los comunistas no han inventado la intervención de la
sociedad en la educación**
Kommunistit eivät ole keksineet yhteiskunnan puuttumista
koulutukseen

**lo único que pretenden es alterar el carácter de esa
intervención**
Ne pyrkivät vain muuttamaan tämän väliintulon luonnetta

**y buscan rescatar la educación de la influencia de la clase
dominante**
ja he pyrkivät pelastamaan koulutuksen hallitsevan luokan
vaikutukselta

**La burguesía habla de la sagrada correlación entre padres e
hijos**
Porvaristo puhuu vanhemman ja lapsen pyhästä suhteesta

**pero esta trampa sobre la familia y la educación se vuelve
aún más repugnante cuando miramos a la industria moderna**
mutta tämä taputusloukku perheestä ja koulutuksesta tulee
sitäkin inhottavammaksi, kun katsomme modernia
teollisuutta

Todos los lazos familiares entre los proletarios son desgarrados por la industria moderna

Nykyaikainen teollisuus repii rikki kaikki proletaarien väliset perhesiteet

Sus hijos se transforman en simples artículos de comercio e instrumentos de trabajo

Heidän lapsensa muutetaan yksinkertaisiksi kauppatavaroiksi ja työvälineiksi

Pero vosotros, los comunistas, creáis una comunidad de mujeres, grita a coro toda la burguesía

Mutta te kommunistit loisitte naisten yhteisön, huutaa koko porvaristo kuorossa

La burguesía ve en su mujer un mero instrumento de producción

Porvaristo näkee vaimossaan pelkän tuotantovälineen

Oye que los instrumentos de producción deben ser explotados por todos

Hän kuulee, että tuotantovälineitä on käytettävä kaikkien hyväksi

Y, naturalmente, no puede llegar a otra conclusión que la de que la suerte de ser común a todos recaerá igualmente en las mujeres

Ja luonnollisesti hän ei voi tulla muuhun johtopäätökseen kuin, että kaikille yhteinen osa lankeaa myös naisille

Ni siquiera sospecha que el verdadero objetivo es acabar con la condición de la mujer como meros instrumentos de producción

Hän ei edes epäile, että todellinen tarkoitus on poistaa naisten asema pelkkinä tuotantovälineinä

Por lo demás, nada es más ridículo que la virtuosa indignación de nuestra burguesía contra la comunidad de mujeres

Muuten mikään ei ole naurettavampaa kuin porvaristomme hyveellinen suuttumus naisten yhteisöä kohtaan

pretenden que sea abierta y oficialmente establecida por los comunistas

he teeskentelevät, että kommunistit perustavat sen avoimesti ja virallisesti

Los comunistas no tienen necesidad de introducir la comunidad de mujeres, ha existido casi desde tiempos inmemoriales

Kommunisteilla ei ole tarvetta ottaa käyttöön naisten yhteisöä, se on ollut olemassa melkein ikimuistoisista ajoista lähtien

Nuestra burguesía no se contenta con tener a su disposición a las mujeres e hijas de sus proletarios

Porvaristomme ei tyydy siihen, että heidän proletaariensa vaimot ja tyttäret ovat heidän käytettävissään

Tienen el mayor placer en seducir a las esposas de los demás

He nauttivat eniten toistensa vaimojen viettelemisestä

Y eso sin hablar de las prostitutas comunes

Puhumattakaan tavallisista prostituoiduista

El matrimonio burgués es en realidad un sistema de esposas en común

Porvariston avioliitto on todellisuudessa yhteinen vaimojärjestelmä

entonces hay una cosa que se podría reprochar a los comunistas

sitten on yksi asia, josta kommunisteja voidaan mahdollisesti moittia

Desean introducir una comunidad de mujeres abiertamente legalizada

He haluavat ottaa käyttöön avoimesti laillistetun naisyhteisön

en lugar de una comunidad de mujeres hipócritamente oculta

tekopyhästi piilotetun naisyhteisön sijaan

la comunidad de mujeres que surgen del sistema de producción

Tuotantojärjestelmästä kumpuava naisten yhteisö

abolid el sistema de producción y abolid la comunidad de mujeres

Lakkauttakaa tuotantojärjestelmä ja lakkauttakaa naisten yhteisö

Se suprime la prostitución pública y la prostitución privada
sekä julkinen prostituutio lakkautetaan että yksityinen
prostituutio
**A los comunistas se les reprocha, además, que desean abolir
los países y las nacionalidades**
Kommunisteja moititaan vielä enemmän siitä, että he haluavat
lakkauttaa maat ja kansallisuuden
**Los trabajadores no tienen patria, así que no podemos
quitarles lo que no tienen**
Työläisillä ei ole maata, joten emme voi ottaa heiltä sitä, mitä
heillä ei ole
**El proletariado debe, ante todo, adquirir la supremacía
política**
Proletariaatin on ennen kaikkea saavutettava poliittinen
ylivalta
**El proletariado debe elevarse para ser la clase dirigente de la
nación**
Proletariaatin on noustava kansakunnan johtavaksi luokaksi
El proletariado debe constituirse en la nación
Proletariaatin on muodostettava itsensä kansakunnaksi
**es, hasta ahora, nacional, aunque no en el sentido burgués
de la palabra**
se on toistaiseksi itse kansallinen, vaikkakaan ei sanan
porvarillisessa merkityksessä
**Las diferencias nacionales y los antagonismos entre los
pueblos desaparecen cada día más**
Kansalliset erot ja kansojen väliset vastakkainasettelut
häviävät päivä päivältä yhä enemmän
**debido al desarrollo de la burguesía, a la libertad de
comercio, al mercado mundial**
porvariston kehityksen, kaupan vapauden ja
maailmanmarkkinoiden vuoksi
**a la uniformidad en el modo de producción y en las
condiciones de vida correspondientes**
tuotantotavan ja sitä vastaavien elinolosuhteiden
yhdenmukaisuuteen

La supremacía del proletariado hará que desaparezcan aún más rápidamente

Proletariaatin ylivalta saa heidät katoamaan yhä nopeammin

La acción unida, al menos de los principales países civilizados, es una de las primeras condiciones para la emancipación del proletariado

Ainakin johtavien sivistysmaiden yhteinen toiminta on proletariaatin vapautumisen ensimmäisiä ehtoja

En la medida en que se ponga fin a la explotación de un individuo por otro, también se pondrá fin a la explotación de una nación por otra.

Sitä mukaa kuin toisen yksilön harjoittama riisto, loppuu myös toisen kansakunnan harjoittama riisto.

A medida que desaparezca el antagonismo entre las clases dentro de la nación, la hostilidad de una nación hacia otra llegará a su fin

Sitä mukaa kuin luokkien välinen vastakkainasettelu kansakunnan sisällä häviää, loppuu yhden kansakunnan vihamielisyys toista kansakuntaa kohtaan

Las acusaciones contra el comunismo hechas desde un punto de vista religioso, filosófico y, en general, ideológico, no merecen un examen serio

Kommunismia vastaan uskonnollisesta, filosofisesta ja yleensä ideologisesta näkökulmasta esitetyt syytökset eivät ansaitse vakavaa tarkastelua

¿Se requiere una intuición profunda para comprender que las ideas, puntos de vista y concepciones del hombre cambian con cada cambio en las condiciones de su existencia material?

Vaatiiko se syvää intuitiota ymmärtääkseen, että ihmisen ajatukset, näkemykset ja käsitykset muuttuvat jokaisen muutoksen myötä hänen aineellisen olemassaolonsa olosuhteissa?

¿No es obvio que la conciencia del hombre cambia cuando cambian sus relaciones sociales y su vida social?

Eikö ole ilmeistä, että ihmisen tietoisuus muuttuu, kun hänen
sosiaaliset suhteensa ja sosiaalinen elämänsä muuttuvat?
**¿Qué otra cosa prueba la historia de las ideas sino que la
producción intelectual cambia de carácter a medida que
cambia la producción material?**
Mitä muuta aatehistoria todistaa kuin sen, että henkinen
tuotanto muuttaa luonnettaan samassa suhteessa kuin
aineellinen tuotanto muuttuu?
**Las ideas dominantes de cada época han sido siempre las
ideas de su clase dominante**
Kunkin aikakauden hallitsevat ideat ovat aina olleet sen
hallitsevan luokan ideoita
**Cuando se habla de ideas que revolucionan la sociedad, no
hace más que expresar un hecho**
Kun ihmiset puhuvat ajatuksista, jotka mullistavat
yhteiskunnan, he ilmaisevat vain yhden tosiasian
**Dentro de la vieja sociedad, se han creado los elementos de
una nueva**
Vanhassa yhteiskunnassa on luotu uuden yhteiskunnan
elementit
**y que la disolución de las viejas ideas sigue el mismo ritmo
que la disolución de las viejas condiciones de existencia**
ja että vanhojen ideoiden hajoaminen pysyy samassa tahdissa
vanhojen olemassaolon ehtojen hajoamisen kanssa
**Cuando el mundo antiguo estaba en sus últimos estertores,
las religiones antiguas fueron vencidas por el cristianismo**
Kun muinainen maailma oli viimeisissä tuskissaan,
kristinusko voitti muinaiset uskonnot
**Cuando las ideas cristianas sucumbieron en el siglo XVIII a
las ideas racionalistas, la sociedad feudal libró su batalla a
muerte contra la burguesía revolucionaria de entonces**
Kun kristilliset aatteet antautuivat 1800-luvulla rationalistisille
ajatuksille, feodaalinen yhteiskunta taisteli
kuolemantaistelunsa silloista vallankumouksellista
porvaristoa vastaan

Las ideas de la libertad religiosa y de la libertad de conciencia no hacían más que expresar el dominio de la libre competencia en el dominio del conocimiento

Uskonnonvapauden ja omantunnonvapauden ajatukset vain ilmaisivat vapaan kilpailun vallan tiedon alalla

"Indudablemente", se dirá, "las ideas religiosas, morales, filosóficas y jurídicas se han modificado en el curso del desarrollo histórico"

"Epäilemättä", sanotaan, "uskonnolliset, moraaliset, filosofiset ja oikeudelliset ajatukset ovat muuttuneet historiallisen kehityksen aikana"

"Pero la religión, la filosofía de la moral, la ciencia política y el derecho, sobrevivieron constantemente a este cambio"

"Mutta uskonto, moraalifilosofia, valtio-oppi ja laki selvisivät jatkuvasti tästä muutoksesta."

"También hay verdades eternas, como la Libertad, la Justicia, etc."

"On myös iankaikkisia totuuksia, kuten vapaus, oikeudenmukaisuus jne."

"Estas verdades eternas son comunes a todos los estados de la sociedad"

"Nämä ikuiset totuudet ovat yhteisiä kaikille yhteiskunnan tiloille"

"Pero el comunismo suprime las verdades eternas, suprime toda religión y toda moral"

"Mutta kommunismi poistaa ikuiset totuudet, se hävittää kaiken uskonnon ja kaiken moraalin."

"Lo hace en lugar de constituirlos sobre una nueva base"

"Se tekee tämän sen sijaan, että muodostaisi ne uudelta pohjalta"

"Por lo tanto, actúa en contradicción con toda la experiencia histórica pasada"

"Siksi se toimii ristiriidassa kaiken aikaisemman historiallisen kokemuksen kanssa"

¿A qué se reduce esta acusación?

Mihin tämä syytös pelkistyy?

La historia de toda la sociedad pasada ha consistido en el desarrollo de antagonismos de clase

Koko menneen yhteiskunnan historia on koostunut luokkavastakohtien kehittymisestä

antagonismos que asumieron diferentes formas en diferentes épocas

antagonismit, jotka saivat erilaisia muotoja eri aikakausina

Pero cualquiera que sea la forma que hayan tomado, un hecho es común a todas las épocas pasadas

Mutta minkä muodon ne ovatkin saaneet, yksi tosiasia on yhteinen kaikille menneille aikakausille

la explotación de una parte de la sociedad por la otra

yhteiskunnan yhden osan hyväksikäyttö toisen toimesta

No es de extrañar, pues, que la conciencia social de épocas pasadas se mueva dentro de ciertas formas comunes o ideas generales

Ei siis ihme, että menneiden aikojen sosiaalinen tietoisuus liikkuu tiettyjen yhteisten muotojen tai yleisten ideoiden sisällä

(y eso a pesar de toda la multiplicidad y variedad que muestra)

(ja tämä on huolimatta kaikesta sen moninaisuudesta ja monipuolisuudesta)

y éstos no pueden desaparecer por completo sino con la desaparición total de los antagonismos de clase

Eivätkä ne voi kokonaan hävitä, paitsi luokkavastakohtaisuuksien täydelliseen häviämiseen

La revolución comunista es la ruptura más radical con las relaciones tradicionales de propiedad

Kommunistinen vallankumous on radikaalein repeämä perinteisissä omistussuhteissa

No es de extrañar que su desarrollo implique la ruptura más radical con las ideas tradicionales

Ei ihme, että sen kehittämiseen liittyy radikaalein repeämä perinteisten ideoiden kanssa

Pero dejemos de lado las objeciones de la burguesía al comunismo

Mutta lopettakaamme porvariston vastustus kommunismia vastaan

Hemos visto más arriba el primer paso de la revolución de la clase obrera

Olemme edellä nähneet työväenluokan vallankumouksen ensimmäisen askeleen

Hay que elevar al proletariado a la posición de gobernante, para ganar la batalla de la democracia

Proletariaatti on nostettava hallitsevaan asemaan, demokratian taistelun voittamiseksi

El proletariado utilizará su supremacía política para arrebatar, poco a poco, todo el capital a la burguesía

Proletariaatti käyttää poliittista ylivaltaansa riistääkseen asteittain kaiken pääoman porvaristolta

centralizará todos los instrumentos de producción en manos del Estado

se keskittää kaikki tuotantovälineet valtion käsiin

En otras palabras, el proletariado organizado como clase dominante

Toisin sanoen proletariaatti järjestäytyi hallitsevaksi luokaksi

y aumentará el total de las fuerzas productivas lo más rápidamente posible

ja se lisää tuotantovoimien kokonaismäärää mahdollisimman nopeasti

Por supuesto, al principio, esto no puede llevarse a cabo sino por medio de incursiones despóticas en los derechos de propiedad

Alussa tämä ei tietenkään voi tapahtua muuten kuin despoottisilla tunkeutumisilla omistusoikeuksiin

y tiene que lograrse en las condiciones de la producción burguesa

ja se on saavutettava porvariston tuotannon ehdoilla

Por lo tanto, se logra mediante medidas que parecen económicamente insuficientes e insostenibles

Se saavutetaan siis toimenpiteillä, jotka vaikuttavat
taloudellisesti riittämättömiltä ja kestämättömiltä
**pero estos medios, en el curso del movimiento, se superan a
sí mismos**
Mutta nämä keinot ylittävät liikkeen aikana itsensä
Requieren nuevas incursiones en el viejo orden social
Ne vaativat lisää tunkeutumista vanhaan
yhteiskuntajärjestykseen
**y son ineludibles como medio de revolucionar por completo
el modo de producción**
ja ne ovat väistämättömiä keinona mullistaa täysin
tuotantotapa
**Por supuesto, estas medidas serán diferentes en los distintos
países**
Nämä toimenpiteet ovat tietenkin erilaisia eri maissa
**Sin embargo, en los países más avanzados, lo siguiente será
de aplicación bastante general**
Edistyneimmissä maissa seuraavat ovat kuitenkin melko
yleisesti sovellettavissa
**1. Abolición de la propiedad de la tierra y aplicación de
todas las rentas de la tierra a fines públicos.**
1. Maaomaisuuden lakkauttaminen ja kaikkien maanvuokrien
soveltaminen julkisiin tarkoituksiin.
2. Un fuerte impuesto progresivo o gradual sobre la renta.
2. Raskas progressiivinen tai asteittainen tulovero.
3. Abolición de todo derecho de herencia.
3. Kaikkien perintöoikeuksien poistaminen.
**4. Confiscación de los bienes de todos los emigrantes y
rebeldes.**
4. Kaikkien siirtolaisten ja kapinallisten omaisuuden
takavarikointi.
**5. Centralización del crédito en manos del Estado, por medio
de un banco nacional de capital estatal y monopolio
exclusivo.**

5. Luottojen keskittäminen valtiolle sellaisen kansallisen pankin kautta, jolla on valtion pääomaa ja yksinomainen monopoli.

6. Centralización de los medios de comunicación y transporte en manos del Estado.

6. Viestintä- ja kuljetusvälineiden keskittäminen valtion käsiin.

7. Ampliación de fábricas e instrumentos de producción propiedad del Estado

7. Valtion omistamien tehtaiden ja tuotantovälineiden laajentaminen

la puesta en cultivo de tierras baldías y el mejoramiento del suelo en general de acuerdo con un plan común.

joutomaiden viljelyyn ottaminen ja maaperän parantaminen yleensä yhteisen suunnitelman mukaisesti.

8. Igual responsabilidad de todos hacia el trabajo

8. Kaikkien yhtäläinen vastuu työstä

Establecimiento de ejércitos industriales, especialmente para la agricultura.

Teollisuusarmeijoiden perustaminen, erityisesti maataloutta varten.

9. Combinación de la agricultura con las industrias manufactureras

9. Maatalouden ja tehdasteollisuuden yhdistäminen

Abolición gradual de la distinción entre la ciudad y el campo, por una distribución más equitativa de la población en todo el país.

kaupungin ja maaseudun välisen eron asteittainen poistaminen jakamalla väestö tasaisemmin koko maassa.

10. Educación gratuita para todos los niños en las escuelas públicas.

10. Ilmainen koulutus kaikille lapsille julkisissa kouluissa.

Abolición del trabajo infantil en las fábricas en su forma actual

Lasten tehdastyön lakkauttaminen nykyisessä muodossaan

Combinación de la educación con la producción industrial

Koulutuksen ja teollisuustuotannon yhdistäminen

Cuando, en el curso del desarrollo, las distinciones de clase
han desaparecido
Kun luokkaerot ovat kehityksen kuluessa kadonneet
y cuando toda la producción se ha concentrado en manos de
una vasta asociación de toda la nación
ja kun kaikki tuotanto on keskitetty koko kansakunnan laajan
yhteenliittymän käsiin
entonces el poder público perderá su carácter político
Silloin julkinen valta menettää poliittisen luonteensa
El poder político, propiamente dicho, no es más que el poder
organizado de una clase para oprimir a otra
Poliittinen valta, oikein niin kutsuttuna, on vain yhden luokan
järjestäytynyttä valtaa toisen sortamiseksi
Si el proletariado, en su lucha contra la burguesía, se ve
obligado, por la fuerza de las circunstancias, a organizarse
como clase
Jos proletariaatti porvariston kanssa käymässään taistelussa
joutuu olosuhteiden pakosta järjestäytymään luokaksi
si, por medio de una revolución, se convierte en la clase
dominante
jos se vallankumouksen avulla tekee itsestään hallitsevan
luokan
y, como tal, barre por la fuerza las viejas condiciones de
producción
ja sellaisena se pyyhkäisee väkisin pois vanhat tuotantoehdot
entonces, junto con estas condiciones, habrá barrido las
condiciones para la existencia de los antagonismos de clase y
de las clases en general
Silloin se yhdessä näiden ehtojen kanssa on pyyhkäissyt pois
luokkavastakohtien ja yleensä luokkien olemassaolon
edellytykset
y con ello habrá abolido su propia supremacía como clase.
ja on siten poistanut oman ylivaltansa luokkana.
En lugar de la vieja sociedad burguesa, con sus clases y sus
antagonismos de clase, tendremos una asociación

Vanhan porvarisyhteiskunnan luokkaineen ja
luokkavastakohtaisuuksineen sijasta meillä tulee olemaan
yhdistys
**una asociación en la que el libre desarrollo de cada uno sea
la condición para el libre desarrollo de todos**
yhdistys, jossa jokaisen vapaa kehitys on kaikkien vapaan
kehityksen edellytys

1) Socialismo reaccionario
1) Taantumuksellinen sosialismi

a) Socialismo feudal
a) Feodaalinen sosialismi

las aristocracias de Francia e Inglaterra tenían una posición histórica única
Ranskan ja Englannin aristokratioilla oli ainutlaatuinen historiallinen asema
se convirtió en su vocación escribir panfletos contra la sociedad burguesa moderna
Heidän kutsumuksekseen tuli kirjoittaa pamfletteja modernia porvarisyhteiskuntaa vastaan
En la Revolución Francesa de julio de 1830 y en la agitación reformista inglesa
Ranskan vallankumouksessa heinäkuussa 1830 ja Englannin uudistusagitaatiossa
Estas aristocracias sucumbieron de nuevo ante el odioso advenedizo
Nämä aristokratiat antautuivat jälleen vihamieliselle nousulle
A partir de entonces, una contienda política seria quedó totalmente fuera de discusión
Siitä lähtien vakava poliittinen kilpailu ei tullut kysymykseenkään
Todo lo que quedaba posible era una batalla literaria, no una batalla real
Ainoa, mikä jäi mahdolliseksi, oli kirjallinen taistelu, ei varsinainen taistelu
Pero incluso en el dominio de la literatura, los viejos gritos del período de la restauración se habían vuelto imposibles
Mutta jopa kirjallisuuden alalla restaurointiajan vanhat huudot olivat käyneet mahdottomiksi
Para despertar simpatías, la aristocracia se vio obligada a perder de vista, aparentemente, sus propios intereses

Myötätunnon herättämiseksi aristokratian oli pakko unohtaa
ilmeisesti omat etunsa
**y se vieron obligados a formular su acusación contra la
burguesía en interés de la clase obrera explotada**
ja heidän oli pakko muotoilla syytteensä porvaristoa vastaan
riistetyn työväenluokan edun nimissä
Así, la aristocracia se vengó cantando sátiras a su nuevo amo
Niinpä aristokratia kosti laulamalla lamppuja uudelle
mestarilleen
**y se vengaron susurrándole al oído siniestras profecías de
catástrofe venidera**
ja he kostautuivat kuiskaamalla hänen korviinsa synkkiä
profetioita tulevasta katastrofista
**De esta manera surgió el socialismo feudal: mitad
lamentación, mitad sátira**
Tällä tavoin syntyi feodaalinen sosialismi: puoliksi valitusta,
puoliksi halveksimista
**Sonaba como medio eco del pasado y proyectaba mitad
amenaza del futuro**
Se soi puoliksi kaikuna menneisyydestä ja projisoi puoliksi
tulevaisuuden uhkaa
**a veces, con su crítica amarga, ingeniosa e incisiva, golpeó a
la burguesía hasta la médula**
katkeralla, nokkelalla ja terävällä kritiikillään se iski toisinaan
porvaristoon sydäntä myöten
**pero siempre fue ridículo en su efecto, por su total
incapacidad para comprender la marcha de la historia
moderna**
Mutta sen vaikutus oli aina naurettava, koska se oli täysin
kykenemätön ymmärtämään modernin historian kulkua
**La aristocracia, con el fin de atraer al pueblo hacia ellos,
agitaba la bolsa de limosnas proletaria delante como una
bandera**
Aristokratia, saadakseen ihmiset heidän luokseen, heilutti
proletaarista almupussia edessä banneria varten

Pero el pueblo, tan a menudo como se unía a ellos, veía en sus cuartos traseros los antiguos escudos de armas feudales

Mutta kansa, niin usein kuin se liittyi heihin, näki takaneljänneksissään vanhat feodaaliset vaakunat

y desertaron con carcajadas ruidosas e irreverentes

ja he poistuivat paikalta äänekkäällä ja epäkunnioittavalla naurulla

Un sector de los legitimistas franceses y de la "Joven Inglaterra" exhibió este espectáculo

Yksi osa ranskalaisista legitimisteistä ja "nuoresta Englannista" esitteli tämän spektaakkelin

los feudales señalaban que su modo de explotación era diferente al de la burguesía

feodalistit huomauttivat, että heidän riistotapansa oli erilainen kuin porvariston

Los feudales olvidan que explotaron en circunstancias y condiciones muy diferentes

Feodalistit unohtavat, että he käyttivät hyväkseen aivan toisenlaisissa olosuhteissa ja olosuhteissa

Y no se dieron cuenta de que tales métodos de explotación ahora son anticuados

Ja he eivät huomanneet, että tällaiset hyväksikäyttömenetelmät ovat nyt vanhentuneita

demostraron que, bajo su gobierno, el proletariado moderno nunca existió

He osoittivat, että heidän hallintonsa aikana modernia proletariaattia ei koskaan ollut olemassa

pero olvidan que la burguesía moderna es el vástago necesario de su propia forma de sociedad

mutta he unohtavat, että nykyaikainen porvaristo on heidän oman yhteiskuntamuotonsa välttämätön jälkeläinen

Por lo demás, apenas ocultan el carácter reaccionario de su crítica

Muilta osin he tuskin peittelevät kritiikkinsä taantumuksellista luonnetta

su principal acusación contra la burguesía es la siguiente

heidän pääsyytöksensä porvaristoa vastaan on seuraava:

bajo el régimen de la burguesía se está desarrollando una clase social

Porvariston hallinnon aikana kehitetään yhteiskuntaluokkaa

Esta clase social está destinada a cortar de raíz el viejo orden de la sociedad

Tämän yhteiskuntaluokan kohtalona on katkaista ja haaroittaa vanha yhteiskuntajärjestys

Lo que reprochan a la burguesía no es tanto que cree un proletariado

Se, millä he kasvattavat porvaristoa, ei ole niinkään se, että se luo proletariaatin

lo que reprochan a la burguesía es más bien que crea un proletariado revolucionario

se, millä he kasvattavat porvaristoa, on enemmänkin se, että se luo vallankumouksellisen proletariaatin

En la práctica política, por lo tanto, se unen a todas las medidas coercitivas contra la clase obrera

Poliittisessa käytännössä he siis osallistuvat kaikkiin työväenluokan vastaisiin pakkokeinoihin

Y en la vida ordinaria, a pesar de sus frases altisonantes, se inclinan a recoger las manzanas de oro que caen del árbol de la industria

Ja tavallisessa elämässä, huolimatta korkeatasoisista lauseistaan, he kumartuvat poimimaan teollisuuden puusta pudonneet kultaiset omenat

y trocan la verdad, el amor y el honor por el comercio de lana, azúcar de remolacha y aguardiente de patata

ja he vaihtavat totuutta, rakkautta ja kunniaa villan, punajuurisokerin ja perunan väkevien alkoholijuomien kauppaan

Así como el párroco ha ido siempre de la mano con el terrateniente, así también lo ha hecho el socialismo clerical con el socialismo feudal

Niin kuin pappila on aina kulkenut käsi kädessä tilanherran kanssa, niin on pappissosialismi kulkenut käsi kädessä feodaalisen sosialismin kanssa

Nada es más fácil que dar al ascetismo cristiano un tinte socialista

Mikään ei ole helpompaa kuin antaa kristilliselle askeesille sosialistinen sävy

¿No ha declamado el cristianismo contra la propiedad privada, contra el matrimonio, contra el Estado?

Eikö kristinusko ole julistanut yksityisomaisuutta, avioliittoa ja valtiota vastaan?

¿No ha predicado el cristianismo en lugar de estos, la caridad y la pobreza?

Eikö kristinusko ole saarnannut näiden sijasta, hyväntekeväisyydestä ja köyhyydestä?

¿Acaso el cristianismo no predica el celibato y la mortificación de la carne, la vida monástica y la Madre Iglesia?

Eikö kristinusko saarnaa selibaatista ja lihan kuolettamisesta, luostarielämästä ja äitikirkosta?

El socialismo cristiano no es más que el agua bendita con la que el sacerdote consagra los ardores del corazón del aristócrata

Kristillinen sosialismi on vain pyhää vettä, jolla pappi pyhittää aristokraatin sydämen polttamisen

b) Socialismo pequeñoburgués
b) Pikkuporvarillinen sosialismi

La aristocracia feudal no fue la única clase arruinada por la burguesía
Feodaalinen aristokratia ei ollut ainoa luokka, jonka porvaristo tuhosi
no fue la única clase cuyas condiciones de existencia languidecieron y perecieron en la atmósfera de la sociedad burguesa moderna
se ei ollut ainoa luokka, jonka olemassaolon ehdot peittyivät ja tuhoutuivat nykyaikaisen porvariston yhteiskunnan ilmapiirissä
Los burgueses medievales y los pequeños propietarios campesinos fueron los precursores de la burguesía moderna
Keskiaikaiset porvarit ja pientalonpoikaisomistajat olivat modernin porvariston edeltäjiä
En los países poco desarrollados, industrial y comercialmente, estas dos clases siguen vegetando una al lado de la otra
Niissä maissa, jotka ovat teollisesti ja kaupallisesti vain vähän kehittyneitä, nämä kaksi luokkaa kasvavat edelleen rinnakkain
y mientras tanto la burguesía se levanta junto a ellos: industrial, comercial y políticamente
ja sillä välin porvaristo nousee heidän viereensä: teollisesti, kaupallisesti ja poliittisesti
En los países donde la civilización moderna se ha desarrollado plenamente, se ha formado una nueva clase de pequeña burguesía
Maissa, joissa nykyaikainen sivilisaatio on täysin kehittynyt, on muodostunut uusi pikkuporvariston luokka
esta nueva clase social fluctúa entre el proletariado y la burguesía
tämä uusi yhteiskuntaluokka vaihtelee proletariaatin ja porvariston välillä

y siempre se renueva como parte complementaria de la
sociedad burguesa
ja se uudistuu alati porvariston yhteiskunnan täydentävänä
osana
Sin embargo, los miembros individuales de esta clase son
constantemente arrojados al proletariado
Tämän luokan yksittäisiä jäseniä heitetään kuitenkin alituiseen
proletariaattiin
son absorbidos por el proletariado a través de la acción de la
competencia
Proletariaatti imee heidät itseensä kilpailun vaikutuksesta
A medida que la industria moderna se desarrolla, incluso
ven acercarse el momento en que desaparecerán por
completo como sección independiente de la sociedad
moderna
Nykyaikaisen teollisuuden kehittyessä he näkevät jopa
lähestyvän hetken, jolloin he katoavat kokonaan itsenäisenä
osana modernia yhteiskuntaa
Serán reemplazados, en las manufacturas, la agricultura y el
comercio, por vigilantes, alguaciles y tenderos
Ne korvataan teollisuudessa, maataloudessa ja kaupassa
sivustakatsojilla, haastemiehillä ja kauppiailla
En países como Francia, donde los campesinos constituyen
mucho más de la mitad de la población
Ranskan kaltaisissa maissa, joissa talonpojat muodostavat
paljon yli puolet väestöstä
era natural que hubiera escritores que se pusieran del lado
del proletariado contra la burguesía
Oli luonnollista, että siellä oli kirjailijoita, jotka asettuivat
proletariaatin puolelle porvaristoa vastaan
en su crítica al régimen burgués utilizaron el estandarte de la
pequeña burguesía campesina
arvostellessaan porvariston järjestelmää he käyttivät
talonpoikais- ja pikkuporvariston mittapuuta
Y desde el punto de vista de estas clases intermedias, toman
el garrote de la clase obrera

Ja näiden väliluokkien näkökulmasta katsottuna he ottavat
kädenojennuksen työväenluokalle
**Así surgió el socialismo pequeñoburgués, del que Sismondi
era el jefe de esta escuela, no sólo en Francia, sino también
en Inglaterra**
Näin syntyi pikkuporvarissosialismi, jonka johtaja Sismondi
oli, ei vain Ranskassa vaan myös Englannissa
**Esta escuela del socialismo diseccionó con gran agudeza las
contradicciones de las condiciones de producción moderna**
Tämä sosialismin koulukunta eritteli hyvin terävästi
nykyaikaisen tuotannon ehtojen ristiriidat
**Esta escuela puso al descubierto las apologías hipócritas de
los economistas**
Tämä koulukunta paljasti taloustieteilijöiden tekopyhät
anteeksipyynnöt
**Esta escuela demostró, incontrovertiblemente, los efectos
desastrosos de la maquinaria y de la división del trabajo**
Tämä koulukunta todisti kiistattomasti koneiden ja työnjaon
tuhoisat vaikutukset
**Probó la concentración del capital y de la tierra en pocas
manos**
Se osoitti pääoman ja maan keskittymisen muutamiin käsiin
**demostró cómo la sobreproducción conduce a las crisis de la
burguesía**
se osoitti, kuinka ylituotanto johtaa porvariston kriiseihin
**señalaba la ruina inevitable de la pequeña burguesía y del
campesino**
se osoitti pikkuporvariston ja talonpojan väistämättömän
tuhon
**la miseria del proletariado, la anarquía en la producción, las
desigualdades flagrantes en la distribución de la riqueza**
proletariaatin kurjuus, tuotannon anarkia, huutava epätasa-
arvo vaurauden jakautumisessa
**Mostró cómo el sistema de producción lidera la guerra
industrial de exterminio entre naciones**

Se osoitti, kuinka tuotantojärjestelmä johtaa kansakuntien
välistä teollista tuhoamissotaa
**la disolución de los viejos lazos morales, de las viejas
relaciones familiares, de las viejas nacionalidades**
vanhojen moraalisten siteiden, vanhojen perhesuhteiden,
vanhojen kansallisuuksien hajoaminen
**Sin embargo, en sus objetivos positivos, esta forma de
socialismo aspira a lograr una de dos cosas**
Myönteisissä tavoitteissaan tämä sosialismin muoto pyrkii
kuitenkin saavuttamaan jommankumman kahdesta asiasta
**o bien pretende restaurar los antiguos medios de producción
y de intercambio**
Joko sen tavoitteena on palauttaa vanhat tuotanto- ja
vaihtovälineet
**y con los viejos medios de producción restauraría las viejas
relaciones de propiedad y la vieja sociedad**
ja vanhoilla tuotantovälineillä se palauttaisi vanhat
omistussuhteet ja vanhan yhteiskunnan
**o pretende apretar los medios modernos de producción e
intercambio en el viejo marco de las relaciones de propiedad**
tai se pyrkii ahtamaan nykyaikaiset tuotanto- ja vaihtovälineet
omistussuhteiden vanhaan kehykseen
En cualquier caso, es a la vez reaccionario y utópico
Kummassakin tapauksessa se on sekä taantumuksellinen että
utopistinen
**Sus últimas palabras son: gremios corporativos para la
manufactura, relaciones patriarcales en la agricultura**
Sen viimeiset sanat ovat: yrityskillat valmistukseen,
patriarkaaliset suhteet maataloudessa
**En última instancia, cuando los obstinados hechos históricos
habían dispersado todos los efectos embriagadores del
autoengaño**
Lopulta, kun itsepäiset historialliset tosiasiat olivat hajottaneet
kaikki itsepetoksen huumaavat vaikutukset
**esta forma de socialismo terminó en un miserable ataque de
lástima**

tämä sosialismin muoto päättyi surkeaan sääliin

c) Socialismo alemán o "verdadero"
c) Saksalainen eli "todellinen" sosialismi

La literatura socialista y comunista de Francia se originó bajo la presión de una burguesía en el poder
Ranskan sosialistinen ja kommunistinen kirjallisuus syntyi vallassa olevan porvariston painostuksesta
Y esta literatura era la expresión de la lucha contra este poder
Ja tämä kirjallisuus oli ilmaus taistelusta tätä valtaa vastaan
se introdujo en Alemania en un momento en que la burguesía acababa de comenzar su lucha contra el absolutismo feudal
se tuotiin Saksaan aikana, jolloin porvaristo oli juuri aloittanut taistelunsa feodaalisen absolutismin kanssa
Los filósofos alemanes, los aspirantes a filósofos y los beaux esprits, se apoderaron con avidez de esta literatura
Saksalaiset filosofit, mahdolliset filosofit ja beaux espritit tarttuivat innokkaasti tähän kirjallisuuteen
pero olvidaron que los escritos emigraron de Francia a Alemania sin traer consigo las condiciones sociales francesas
mutta he unohtivat, että kirjoitukset muuttivat Ranskasta Saksaan tuomatta mukanaan Ranskan yhteiskunnallisia oloja
En contacto con las condiciones sociales alemanas, esta literatura francesa perdió toda su significación práctica inmediata
Saksan yhteiskunnallisten olojen yhteydessä tämä ranskalainen kirjallisuus menetti kaiken välittömän käytännön merkityksensä
y la literatura comunista de Francia asumió un aspecto puramente literario en los círculos académicos alemanes
ja Ranskan kommunistinen kirjallisuus sai puhtaasti kirjallisen näkökulman Saksan akateemisissa piireissä

Así, las exigencias de la primera Revolución Francesa no eran más que las exigencias de la "Razón Práctica"
Näin ollen Ranskan ensimmäisen vallankumouksen vaatimukset eivät olleet mitään muuta kuin »käytännöllisen järjen» vaatimuksia
y la expresión de la voluntad de la burguesía revolucionaria francesa significaba a sus ojos la ley de la voluntad pura
ja Ranskan vallankumouksellisen porvariston tahdon julkilausunta merkitsi heidän silmissään puhtaan tahdon lakia
significaba la Voluntad tal como estaba destinada a ser; de la verdadera Voluntad humana en general
se merkitsi tahtoa sellaisena kuin sen oli pakko olla; todellisesta ihmisen tahdosta yleensä
El mundo de los literatos alemanes consistía únicamente en armonizar las nuevas ideas francesas con su antigua conciencia filosófica
Saksalaisen kirjallisuuden maailma koostui yksinomaan uusien ranskalaisten ideoiden saattamisesta sopusointuun muinaisen filosofisen omantuntonsa kanssa
o mejor dicho, se anexionaron las ideas francesas sin abandonar su propio punto de vista filosófico
tai pikemminkin he liittivät ranskalaiset ajatukset hylkäämättä omaa filosofista näkökulmaansa
Esta anexión se llevó a cabo de la misma manera en que se apropia una lengua extranjera, es decir, por traducción
Tämä liittäminen tapahtui samalla tavalla kuin vieras kieli omistetaan, nimittäin kääntämällä
Es bien sabido cómo los monjes escribieron vidas tontas de santos católicos sobre manuscritos
On tunnettua, kuinka munkit kirjoittivat katolisten pyhien typerää elämää käsikirjoitusten päälle
los manuscritos sobre los que se habían escrito las obras clásicas del antiguo paganismo
käsikirjoitukset, joihin muinaisen pakanuuden klassiset teokset oli kirjoitettu

Los literatos alemanes invirtieron este proceso con la literatura profana francesa

Saksalainen kirjallisuus käänsi tämän prosessin päinvastaiseksi rienaavalla ranskalaisella kirjallisuudella

Escribieron sus tonterías filosóficas bajo el original francés

He kirjoittivat filosofisen hölynpölynsä ranskalaisen alkuperäiskappaleen alle

Por ejemplo, debajo de la crítica francesa a las funciones económicas del dinero, escribieron "Alienación de la humanidad"

Esimerkiksi ranskalaisen kritiikin rahan taloudellisista funktioista alle he kirjoittivat "Ihmiskunnan vieraantuminen"

debajo de la crítica francesa al Estado burgués escribieron "destronamiento de la categoría de general"

Ranskan porvarisvaltioon kohdistaman kritiikin alle he kirjoittivat "kenraalin kategorian valtaistuimelta syökseminen"

La introducción de estas frases filosóficas en el reverso de las críticas históricas francesas las denominó:

Näiden filosofisten lauseiden esittely ranskalaisen historiallisen kritiikin takana, jota he kutsuivat:

"Filosofía de la acción", "Socialismo verdadero", "Ciencia alemana del socialismo", "Fundamentos filosóficos del socialismo", etc

»Toimintafilosofia», »todellinen sosialismi», »saksalainen sosialismin tiede», »sosialismin filosofinen perusta» jne.

De este modo, la literatura socialista y comunista francesa quedó completamente castrada

Ranskan sosialistinen ja kommunistinen kirjallisuus oli siten täysin turmeltunut

en manos de los filósofos alemanes dejó de expresar la lucha de una clase con la otra

saksalaisten filosofien käsissä se lakkasi ilmaisemasta yhden luokan taistelua toisen kanssa

y así los filósofos alemanes se sintieron conscientes de haber superado la "unilateralidad francesa"

ja niin saksalaiset filosofit tunsivat olevansa tietoisia siitä, että he olivat voittaneet "ranskalaisen yksipuolisuuden"

no tenía que representar requisitos verdaderos, sino que representaba requisitos de verdad

Sen ei tarvinnut edustaa todellisia vaatimuksia, pikemminkin se edusti totuuden vaatimuksia

no había interés en el proletariado, más bien, había interés en la Naturaleza Humana

proletariaatti ei ollut kiinnostunut, vaan ihmisluonto oli kiinnostunut

el interés estaba en el Hombre en general, que no pertenece a ninguna clase y no tiene realidad

kiinnostus kohdistui ihmiseen yleensä, joka ei kuulu mihinkään luokkaan ja jolla ei ole todellisuutta

Un hombre que sólo existe en el brumoso reino de la fantasía filosófica

Mies, joka on olemassa vain filosofisen fantasian sumuisessa valtakunnassa

pero con el tiempo este colegial socialismo alemán también perdió su inocencia pedante

mutta lopulta tämä koulupoika saksalainen sosialismi menetti myös pedanttisen viattomuutensa

la burguesía alemana, y especialmente la burguesía prusiana, lucharon contra la aristocracia feudal

Saksan porvaristo ja erityisesti Preussin porvaristo taistelivat feodaalista aristokratiaa vastaan

la monarquía absoluta de Alemania y Prusia también estaba siendo combatida

Saksan ja Preussin absoluuttista monarkiaa vastustettiin myös

Y a su vez, la literatura del movimiento liberal también se hizo más seria

Ja puolestaan liberaalin liikkeen kirjallisuus muuttui vakavammaksi

Se le ofreció a Alemania la tan deseada oportunidad del "verdadero" socialismo

Saksan kauan toivoma mahdollisuus "todelliseen" sosialismiin
tarjottiin
**la oportunidad de confrontar al movimiento político con las
reivindicaciones socialistas**
mahdollisuus kohdata poliittinen liike sosialististen
vaatimusten kanssa
**la oportunidad de lanzar los anatemas tradicionales contra el
liberalismo**
mahdollisuus heittää perinteiset anateemat liberalismia
vastaan
**la oportunidad de atacar al gobierno representativo y a la
competencia burguesa**
mahdollisuus hyökätä edustuksellisen hallituksen ja
porvariston kilpailua vastaan
**Libertad de prensa burguesa, Legislación burguesa, Libertad
e igualdad burguesa**
Porvariston lehdistönvapaus, porvariston lainsäädäntö,
porvariston vapaus ja tasa-arvo
**Todo esto ahora podría ser criticado en el mundo real, en
lugar de en la fantasía**
Kaikkia näitä voitaisiin nyt kritisoida todellisessa maailmassa
fantasian sijaan
**La aristocracia feudal y la monarquía absoluta habían
predicado durante mucho tiempo a las masas**
Feodaalinen aristokratia ja absoluuttinen monarkia olivat
pitkään saarnanneet massoille
"El obrero no tiene nada que perder y tiene todo que ganar"
"Työläisellä ei ole mitään menetettävää, ja hänellä on kaikki
voitettavanaan."
**el movimiento burgués también ofrecía la oportunidad de
hacer frente a estos tópicos**
Porvarisliike tarjosi myös mahdollisuuden kohdata nämä
latteudet
**la crítica francesa presuponía la existencia de la sociedad
burguesa moderna**

Ranskan kritiikki edellytti modernin porvariston
yhteiskunnan olemassaoloa

**Las condiciones económicas de existencia de la burguesía y
la constitución política de la burguesía**

Porvariston taloudelliset olemassaoloehdot ja porvariston
poliittinen perustuslaki

**las mismas cosas cuya consecución era el objeto de la lucha
pendiente en Alemania**

juuri ne asiat, joiden saavuttaminen oli Saksassa vireillä
olevan taistelun kohteena

**El estúpido eco del socialismo alemán abandonó estos
objetivos justo a tiempo**

Saksan typerä sosialismin kaiku hylkäsi nämä tavoitteet aivan
viime hetkellä

**Los gobiernos absolutos tenían sus seguidores de párrocos,
profesores, escuderos y funcionarios**

Absoluuttisilla hallituksilla oli seuraajiaan pappeja,
professoreita, maaorjia ja virkamiehiä

**el gobierno de la época se enfrentó a los levantamientos de
la clase obrera alemana con azotes y balas**

Silloinen hallitus kohtasi Saksan työväenluokan kapinat
ruoskimisin ja luodein

**para ellos este socialismo servía de espantapájaros contra la
burguesía amenazadora**

heille tämä sosialismi toimi tervetulleena variksenpelättimenä
uhkaavaa porvaristoa vastaan

**y el gobierno alemán pudo ofrecer un postre dulce después
de las píldoras amargas que repartió**

ja Saksan hallitus pystyi tarjoamaan makean jälkiruoan
jakamiensa katkerien pillereiden jälkeen

**este "verdadero" socialismo servía así a los gobiernos como
arma para combatir a la burguesía alemana**

Tämä »todellinen» sosialismi palveli siten hallituksia aseena
taistelussa Saksan porvaristoa vastaan

**y, al mismo tiempo, representaba directamente un interés
reaccionario; la de los filisteos alemanes**

ja samalla se edusti suoraan taantumuksellista etua;
saksalaisten filistealaisten

En Alemania, la pequeña burguesía es la verdadera base social del actual estado de cosas

Saksassa pikkuporvaristo on vallitsevan asiaintilan todellinen yhteiskunnallinen perusta

Una reliquia del siglo XVI que ha ido surgiendo constantemente bajo diversas formas

kuudennentoista vuosisadan muistomerkki, joka on jatkuvasti kasvanut eri muodoissa

Preservar esta clase es preservar el estado de cosas existente en Alemania

Tämän luokan säilyttäminen on säilyttää Saksan nykyinen tilanne

La supremacía industrial y política de la burguesía amenaza a la pequeña burguesía con una destrucción segura

Porvariston teollinen ja poliittinen ylivalta uhkaa pikkuporvaristoa varmalla tuholla

por un lado, amenaza con destruir a la pequeña burguesía a través de la concentración del capital

toisaalta se uhkaa tuhota pikkuporvariston keskittämällä pääomaa

por otra parte, la burguesía amenaza con destruirla mediante el ascenso de un proletariado revolucionario

toisaalta porvaristo uhkaa tuhota sen vallankumouksellisen proletariaatin nousun kautta

El "verdadero" socialismo parecía matar estos dos pájaros de un tiro. Se extendió como una epidemia

"Todellinen" sosialismi näytti tappavan nämä kaksi kärpästä yhdellä iskulla. Se levisi kuin epidemia

El manto de telarañas especulativas, bordado con flores de retórica, empapado en el rocío de un sentimiento enfermizo

Spekulatiivisten hämähäkinseittien viitta, kirjailtu retoriikan kukilla, täynnä sairaiden tunteiden kastetta

esta túnica trascendental en la que los socialistas alemanes envolvían sus tristes "verdades eternas"

tämä transsendenttinen viitta, johon saksalaiset sosialistit
käärivät surkeat »ikuiset totuutensa»
**toda la piel y los huesos, sirvieron para aumentar
maravillosamente la venta de sus productos entre un público
tan**
kaikki nahka ja luu, palveli ihmeellisesti lisäämään heidän
tavaroidensa myyntiä tällaisen yleisön keskuudessa
**Y por su parte, el socialismo alemán reconocía, cada vez más,
su propia vocación**
Ja omalta osaltaan saksalainen sosialismi tunnusti yhä
enemmän oman kutsumuksensa
**estaba llamado a ser el grandilocuente representante de la
pequeña burguesía filistea**
se kutsuttiin pikkuporvariston filistealaisen mahtipontiseksi
edustajaksi
**Proclamaba que la nación alemana era la nación modelo, y
que el pequeño filisteo alemán era el hombre modelo**
Se julisti Saksan kansan mallikansaksi ja saksalaisen
pikkufilistealaisen mallimieheksi
**A cada maldad malvada de este hombre modelo le daba una
interpretación socialista oculta y superior**
Tämän mallimiehen jokaiselle ilkeälle ilkeydelle se antoi
piilotetun, korkeamman, sosialistisen tulkinnan
**esta interpretación socialista superior era exactamente lo
contrario de su carácter real**
tämä korkeampi, sosialistinen tulkinta oli täysin päinvastainen
kuin sen todellinen luonne
**Llegó al extremo de oponerse directamente a la tendencia
"brutalmente destructiva" del comunismo**
Se meni äärimmäisyyksiin vastustaakseen suoraan
kommunismin "brutaalin tuhoisaa" suuntausta
**y proclamó su supremo e imparcial desprecio de todas las
luchas de clases**
ja se julisti mitä korkeinta ja puolueetonta halveksuntaa
kaikkia luokkataisteluja kohtaan

Con muy pocas excepciones, todas las publicaciones
llamadas socialistas y comunistas que ahora (1847) circulan
en Alemania pertenecen al dominio de esta literatura sucia y
enervante
Hyvin harvoja poikkeuksia lukuun ottamatta kaikki niin
sanotut sosialistiset ja kommunistiset julkaisut, jotka nyt
(1847) kiertävät Saksassa, kuuluvat tämän likaisen ja
hermostuttavan kirjallisuuden alaan

2) Socialismo conservador o socialismo burgués

2) Konservatiivinen sosialismi tai porvariston sosialismi

Una parte de la burguesía está deseosa de reparar los agravios sociales

Osa porvaristosta haluaa korjata yhteiskunnalliset epäkohdat

con el fin de asegurar la continuidad de la sociedad burguesa

porvariston yhteiskunnan jatkuvan olemassaolon turvaamiseksi

A esta sección pertenecen economistas, filántropos, humanistas

Tähän osaan kuuluvat taloustieteilijät, hyväntekijät, humanitaariset

mejoradores de la condición de la clase obrera y organizadores de la caridad

työväenluokan aseman parantajat ja hyväntekeväisyyden järjestäjät

Miembros de las Sociedades para la Prevención de la Crueldad contra los Animales

eläimiin kohdistuvan julmuuden ehkäisemistä käsittelevien yhdistysten jäsenet

fanáticos de la templanza, reformadores de todo tipo imaginable

Raittiusfanaatikkoja, kaikenlaisia reikä- ja kulmauudistajia

Esta forma de socialismo, además, ha sido elaborada en sistemas completos

Tämä sosialismin muoto on sitä paitsi kehitetty täydellisiksi järjestelmiksi

Podemos citar la "Philosophie de la Misère" de Proudhon como ejemplo de esta forma

Voimme mainita Proudhonin teoksen "Philosophie de la Misère" esimerkkinä tästä muodosta

La burguesía socialista quiere todas las ventajas de las condiciones sociales modernas

Eserrinen porvaristo haluaa kaikki nykyaikaisten
yhteiskunnallisten olojen edut
**pero la burguesía socialista no quiere necesariamente las
luchas y los peligros resultantes**
mutta sosialistinen porvaristo ei välttämättä halua siitä
johtuvia taisteluja ja vaaroja
**Desean el estado actual de la sociedad, menos sus elementos
revolucionarios y desintegradores**
He haluavat olemassa olevan yhteiskunnan tilan, josta on
vähennetty sen vallankumoukselliset ja hajoavat elementit
en otras palabras, desean una burguesía sin proletariado
toisin sanoen he toivovat porvaristoa ilman proletariaattia
**La burguesía concibe naturalmente el mundo en el que es
supremo ser el mejor**
Porvaristo käsittää luonnollisesti maailman, jossa se on
korkein ollakseen paras
**y el socialismo burgués desarrolla esta cómoda concepción
en varios sistemas más o menos completos**
ja porvaristo sosialismi kehittää tämän mukavan käsityksen
erilaisiksi enemmän tai vähemmän täydellisiksi järjestelmiksi
**les gustaría mucho que el proletariado marchara
directamente hacia la Nueva Jerusalén social**
he haluaisivat kovasti proletariaatin marssivan suoraan
sosiaaliseen Uuteen Jerusalemiin
**pero en realidad requiere que el proletariado permanezca
dentro de los límites de la sociedad existente**
Mutta todellisuudessa se vaatii proletariaattia pysymään
olemassa olevan yhteiskunnan rajoissa
**piden al proletariado que abandone todas sus ideas odiosas
sobre la burguesía**
he pyytävät proletariaattia hylkäämään kaikki porvaristoa
koskevat vihamieliset ajatuksensa
**hay una segunda forma más práctica, pero menos
sistemática, de este socialismo**
tästä sosialismista on toinen, käytännöllisempi, mutta
vähemmän järjestelmällinen muoto

Esta forma de socialismo buscaba despreciar todo movimiento revolucionario a los ojos de la clase obrera

Tämä sosialismin muoto pyrki alentamaan jokaisen vallankumouksellisen liikkeen työväenluokan silmissä

Argumentan que ninguna mera reforma política podría ser ventajosa para ellos

He väittävät, ettei mikään pelkkä poliittinen uudistus voisi hyödyttää heitä

Sólo un cambio en las condiciones materiales de existencia en las relaciones económicas es beneficioso

Vain taloudellisten suhteiden aineellisten olemassaoloehtojen muutoksesta on hyötyä

Al igual que el comunismo, esta forma de socialismo aboga por un cambio en las condiciones materiales de existencia

Kuten kommunismi, tämä sosialismin muoto kannattaa muutosta olemassaolon aineellisissa olosuhteissa

sin embargo, esta forma de socialismo no sugiere en modo alguno la abolición de las relaciones de producción burguesas

Tämä sosialismin muoto ei kuitenkaan missään tapauksessa merkitse porvariston tuotantosuhteiden lakkauttamista

la abolición de las relaciones de producción burguesas sólo puede lograrse mediante una revolución

porvariston tuotantosuhteiden lakkauttaminen voidaan saavuttaa vain vallankumouksen avulla

Pero en lugar de una revolución, esta forma de socialismo sugiere reformas administrativas

Mutta vallankumouksen sijasta tämä sosialismin muoto ehdottaa hallinnollisia uudistuksia

y estas reformas administrativas se basarían en la continuidad de estas relaciones

ja nämä hallinnolliset uudistukset perustuisivat näiden suhteiden jatkumiseen

reformas, por lo tanto, que no afectan en ningún aspecto a las relaciones entre el capital y el trabajo

uudistukset, jotka eivät millään tavoin vaikuta pääoman ja
työn välisiin suhteisiin

**en el mejor de los casos, tales reformas disminuyen el costo
y simplifican el trabajo administrativo del gobierno burgués**
parhaimmillaan tällaiset uudistukset vähentävät kustannuksia
ja yksinkertaistavat porvariston hallituksen hallinnollista työtä

**El socialismo burgués alcanza una expresión adecuada
cuando, y sólo cuando, se convierte en una mera figura
retórica**
Porvarillinen sosialismi saavuttaa riittävän ilmaisun silloin ja
vain silloin, kun siitä tulee pelkkä kielikuva

Libre comercio: en beneficio de la clase obrera
Vapaakauppa: työväenluokan hyväksi

Deberes protectores: en beneficio de la clase obrera
Suojeluvelvollisuudet: työväenluokan hyväksi

Reforma Penitenciaria: en beneficio de la clase trabajadora
Vankilauudistus: työväenluokan hyväksi

**Esta es la última palabra y la única palabra seria del
socialismo burgués**
Tämä on porvarissosialismin viimeinen sana ja ainoa
vakavasti tarkoittava sana

**Se resume en la frase: la burguesía es una burguesía en
beneficio de la clase obrera**
Se kiteytyy lauseeseen: porvaristo on porvaristo
työväenluokan hyväksi

3) Socialismo crítico-utópico y comunismo
3) Kriittis-utopistinen sosialismi ja kommunismi

No nos referimos aquí a esa literatura que siempre ha dado voz a las reivindicaciones del proletariado
Emme viittaa tässä siihen kirjallisuuteen, joka on aina antanut äänen proletariaatin vaatimuksille
esto ha estado presente en todas las grandes revoluciones modernas, como los escritos de Babeuf y otros
Tämä on ollut läsnä jokaisessa suuressa modernissa vallankumouksessa, kuten Babeufin ja muiden kirjoituksissa
Las primeras tentativas directas del proletariado para alcanzar sus propios fines fracasaron necesariamente
Proletariaatin ensimmäiset suorat yritykset saavuttaa omat päämääränsä epäonnistuivat välttämättä
Estos intentos se hicieron en tiempos de excitación universal, cuando la sociedad feudal estaba siendo derrocada
Nämä yritykset tehtiin yleisen jännityksen aikoina, kun feodaalinen yhteiskunta kukistettiin
El entonces subdesarrollado del proletariado llevó a que fracasaran esos intentos
Proletariaatin silloinen kehittymätön tila johti näiden yritysten epäonnistumiseen
y fracasaron por la ausencia de las condiciones económicas para su emancipación
Ja he epäonnistuivat, koska sen vapautumiselle ei ollut taloudellisia edellytyksiä
condiciones que aún no se habían producido, y que sólo podían ser producidas por la inminente época de la burguesía
olosuhteet, joita ei ollut vielä tuotettu ja jotka vain lähestyvä porvariston aikakausi voisi tuottaa
La literatura revolucionaria que acompañó a estos primeros movimientos del proletariado tuvo necesariamente un carácter reaccionario

Vallankumouksellisella kirjallisuudella, joka seurasi näitä
proletariaatin ensimmäisiä liikkeitä, oli väistämättä
taantumuksellinen luonne

**Esta literatura inculcó el ascetismo universal y la nivelación
social en su forma más cruda**

Tämä kirjallisuus juurrutti universaalin askeesin ja sosiaalisen
tasapäistämisen karkeimmassa muodossaan

**Los sistemas socialista y comunista, propiamente dichos,
surgen en el período temprano no desarrollado**

Sosialistiset ja kommunistiset järjestelmät, varsinaisesti niin
kutsutut, syntyvät varhaisella kehittymättömällä kaudella

**Saint-Simon, Fourier, Owen y otros, describieron la lucha
entre el proletariado y la burguesía (ver sección 1)**

Saint-Simon, Fourier, Owen ja muut kuvasivat proletariaatin
ja porvariston välistä taistelua (katso osa 1)

**Los fundadores de estos sistemas ven, en efecto, los
antagonismos de clase**

Näiden järjestelmien perustajat näkevät todellakin
luokkavastakohdat

**también ven la acción de los elementos en descomposición,
en la forma predominante de la sociedad**

He näkevät myös hajoavien elementtien toiminnan
vallitsevassa yhteiskuntamuodossa

**Pero el proletariado, todavía en su infancia, les ofrece el
espectáculo de una clase sin ninguna iniciativa histórica**

Mutta proletariaatti, joka on vielä lapsenkengissään, tarjoaa
heille luokan spektaakkelin ilman mitään historiallista
aloitetta

**Ven el espectáculo de una clase social sin ningún
movimiento político independiente**

He näkevät spektaakkelin yhteiskuntaluokasta ilman
itsenäistä poliittista liikettä

**El desarrollo del antagonismo de clase sigue el mismo ritmo
que el desarrollo de la industria**

luokkavastakohtaisuuden kehittyminen pysyy tasaisena
teollisuuden kehityksen kanssa

De modo que la situación económica no les ofrece todavía las condiciones materiales para la emancipación del proletariado
Niinpä taloudellinen tilanne ei vielä tarjoa heille aineellisia edellytyksiä proletariaatin vapautumiselle
Por lo tanto, buscan una nueva ciencia social, nuevas leyes sociales, que creen estas condiciones
Siksi he etsivät uutta yhteiskuntatiedettä, uusia sosiaalisia lakeja, joiden on määrä luoda nämä olosuhteet
acción histórica es ceder a su acción inventiva personal
Historiallinen toiminta on taipumista heidän henkilökohtaiseen kekseliäisyyteensä
Las condiciones de emancipación creadas históricamente han de ceder ante condiciones fantásticas
Historiallisesti luodut vapautumisen olosuhteet antavat periksi fantastisille olosuhteille
y la organización gradual y espontánea de clase del proletariado debe ceder ante la organización de la sociedad
ja proletariaatin asteittainen, spontaani luokkaorganisaatio antaa periksi yhteiskunnan organisoinnille
la organización de la sociedad especialmente ideada por estos inventores
näiden keksijöiden erityisesti keksimä yhteiskuntaorganisaatio
La historia futura se resuelve, a sus ojos, en la propaganda y en la realización práctica de sus planes sociales
Tulevaisuuden historia ratkeaa heidän silmissään heidän yhteiskunnallisten suunnitelmiensa propagandaan ja käytännön toteuttamiseen
En la formación de sus planes son conscientes de preocuparse principalmente por los intereses de la clase obrera
Suunnitelmiaan laatiessaan he ovat tietoisia siitä, että he huolehtivat pääasiassa työväenluokan eduista
Sólo desde el punto de vista de ser la clase más sufriente existe el proletariado para ellos

Proletariaatti on olemassa heitä varten vain siitä
näkökulmasta, että se on kaikkein kärsivin luokka

**El estado subdesarrollado de la lucha de clases y su propio
entorno informan sus opiniones**

Luokkataistelun kehittymätön tila ja oma ympäristö kertovat
heidän mielipiteistään

**Los socialistas de este tipo se consideran muy superiores a
todos los antagonismos de clase**

Tällaiset sosialistit pitävät itseään paljon kaikkia
luokkavastakohtia ylempänä

**Quieren mejorar la condición de todos los miembros de la
sociedad, incluso la de los más favorecidos**

He haluavat parantaa jokaisen yhteiskunnan jäsenen, myös
kaikkein suosituimmuusasemassa olevien, oloja

**De ahí que habitualmente atraigan a la sociedad en general,
sin distinción de clase**

Siksi heillä on tapana vedota koko yhteiskuntaan
luokkaerottelusta riippumatta

**Es más, apelan a la sociedad en general con preferencia a la
clase dominante**

Ei, he vetoavat koko yhteiskuntaan mieluummin kuin
hallitsevaan luokkaan

**Para ellos, todo lo que se requiere es que los demás
entiendan su sistema**

Heille se vaatii vain, että muut ymmärtävät heidän
järjestelmänsä

**Porque, ¿cómo puede la gente no ver que el mejor plan
posible es para el mejor estado posible de la sociedad?**

Sillä miten ihmiset voivat olla näkemättä, että paras
mahdollinen suunnitelma on yhteiskunnan paras mahdollinen
tila?

**Por lo tanto, rechazan toda acción política, y especialmente
toda acción revolucionaria**

Siksi he hylkäävät kaiken poliittisen ja erityisesti kaiken
vallankumouksellisen toiminnan

desean alcanzar sus fines por medios pacíficos

he haluavat saavuttaa päämääränsä rauhanomaisin keinoin
**se esfuerzan, mediante pequeños experimentos, que están
necesariamente condenados al fracaso**
He pyrkivät pienillä kokeiluilla, jotka ovat väistämättä
tuomittuja epäonnistumaan
**y con la fuerza del ejemplo tratan de abrir el camino al
nuevo Evangelio social**
ja esimerkin voimalla he yrittävät tasoittaa tietä uudelle
sosiaaliselle evankeliumille
**Cuadros tan fantásticos de la sociedad futura, pintados en un
momento en que el proletariado se encuentra todavía en un
estado muy subdesarrollado**
Tällaisia fantastisia kuvia tulevasta yhteiskunnasta, maalattu
aikana, jolloin proletariaatti on vielä hyvin kehittymättömässä
tilassa
**y todavía no tiene más que una concepción fantástica de su
propia posición**
ja sillä on edelleen vain mielikuvituksellinen käsitys omasta
asemastaan
**pero sus primeros anhelos instintivos corresponden a los
anhelos del proletariado**
Mutta heidän ensimmäiset vaistomaiset kaipauksensa
vastaavat proletariaatin kaipausta
Ambos anhelan una reconstrucción general de la sociedad
Molemmat kaipaavat yhteiskunnan yleistä jälleenrakentamista
**Pero estas publicaciones socialistas y comunistas también
contienen un elemento crítico**
Mutta nämä sosialistiset ja kommunistiset julkaisut sisältävät
myös kriittisen elementin
Atacan todos los principios de la sociedad existente
He hyökkäävät kaikkia olemassa olevan yhteiskunnan
periaatteita vastaan
**De ahí que estén llenos de los materiales más valiosos para
la ilustración de la clase obrera**
Siksi ne ovat täynnä arvokkainta materiaalia työväenluokan
valistamiseksi

Proponen la abolición de la distinción entre la ciudad y el campo, y la familia
He ehdottavat kaupungin ja maaseudun sekä perheen välisen eron poistamista
la supresión de la explotación de industrias por cuenta de los particulares
teollisuuden harjoittamisen lopettaminen yksityishenkilöiden lukuun
y la abolición del sistema salarial y la proclamación de la armonía social
ja palkkausjärjestelmän lakkauttaminen ja yhteiskunnallisen sopusoinnun julistaminen
la conversión de las funciones del Estado en una mera superintendencia de la producción
valtion tehtävien muuttaminen pelkäksi tuotannon valvonnaksi
Todas estas propuestas, apuntan únicamente a la desaparición de los antagonismos de clase
Kaikki nämä ehdotukset viittaavat yksinomaan luokkavastakohtien häviämiseen
Los antagonismos de clase estaban, en ese momento, apenas surgiendo
Luokkavastakohtaisuudet olivat tuolloin vasta ilmaantumassa
En estas publicaciones estos antagonismos de clase se reconocen sólo en sus formas más tempranas, indistintas e indefinidas
Näissä julkaisuissa nämä luokkavastakohdat tunnistetaan vain varhaisimmissa, epäselvissä ja määrittelemättömissä muodoissaan
Estas propuestas, por lo tanto, son de carácter puramente utópico
Nämä ehdotukset ovat siis luonteeltaan puhtaasti utopistisia
La importancia del socialismo crítico-utópico y del comunismo guarda una relación inversa con el desarrollo histórico

Kriittis-utopistisen sosialismin ja kommunismin merkitys on
käänteisessä suhteessa historialliseen kehitykseen
**La lucha de clases moderna se desarrollará y continuará
tomando forma definitiva**
Nykyaikainen luokkataistelu tulee kehittymään ja jatkamaan
selvää muotoutumistaan
**Esta fantástica posición del concurso perderá todo valor
práctico**
Tämä fantastinen asema kilpailussa menettää kaiken
käytännön arvon
**Estos fantásticos ataques a los antagonismos de clase
perderán toda justificación teórica**
Nämä mielikuvitukselliset hyökkäykset
luokkavastakohtaisuuksia vastaan menettävät kaiken
teoreettisen oikeutuksen
**Los creadores de estos sistemas fueron, en muchos aspectos,
revolucionarios**
Näiden järjestelmien alullepanijat olivat monessa suhteessa
vallankumouksellisia
**pero sus discípulos han formado, en todos los casos, meras
sectas reaccionarias**
Mutta heidän opetuslapsensa ovat joka tapauksessa
muodostaneet pelkkiä taantumuksellisia lahkoja
**Se aferran firmemente a los puntos de vista originales de sus
amos**
He pitävät tiukasti kiinni mestareidensa alkuperäisistä
näkemyksistä
**Pero estos puntos de vista se oponen al desarrollo histórico
progresivo del proletariado**
Mutta nämä näkemykset ovat ristiriidassa proletariaatin
asteittaisen historiallisen kehityksen kanssa
**Por lo tanto, se esfuerzan, y eso de manera consecuente, por
amortiguar la lucha de clases**
Siksi he pyrkivät johdonmukaisesti tukahduttamaan
luokkataistelun

y se esfuerzan constantemente por reconciliar los antagonismos de clase
ja he pyrkivät johdonmukaisesti sovittamaan yhteen luokkavastakohdat
Todavía sueñan con la realización experimental de sus utopías sociales
He haaveilevat yhä sosiaalisten utopioidensa kokeellisesta toteuttamisesta
todavía sueñan con fundar "falansterios" aislados y establecer "colonias domésticas"
he haaveilevat edelleen eristettyjen "falanstereiden" perustamisesta ja "kotisiirtokuntien" perustamisesta
sueñan con establecer una "Pequeña Icaria": ediciones duodécimas de la Nueva Jerusalén
he haaveilevat perustavansa "Pikku Icaria" - Uuden Jerusalemin duodecimo-painokset
y sueñan con realizar todos estos castillos en el aire
Ja he unelmoivat toteuttavansa kaikki nämä linnat ilmassa
se ven obligados a apelar a los sentimientos y a las carteras de los burgueses
Heidän on pakko vedota porvariston tunteisiin ja kukkaroihin
Poco a poco se hunden en la categoría de los socialistas conservadores reaccionarios descritos anteriormente
Vähitellen he vajoavat edellä kuvattujen taantumuksellisten konservatiivisosialistien luokkaan
sólo se diferencian de ellos por una pedantería más sistemática
Ne eroavat näistä vain järjestelmällisemmällä pedanttisuudella
y se diferencian por su creencia fanática y supersticiosa en los efectos milagrosos de su ciencia social
Ja he eroavat toisistaan fanaattisella ja taikauskoisella uskomuksellaan yhteiskuntatieteensä ihmeellisiin vaikutuksiin
Por lo tanto, se oponen violentamente a toda acción política por parte de la clase obrera

Siksi he vastustavat väkivaltaisesti kaikkea työväenluokan
poliittista toimintaa
**tal acción, según ellos, sólo puede ser el resultado de una
ciega incredulidad en el nuevo Evangelio**
Heidän mukaansa tällainen toiminta voi johtua vain sokeasta
epäuskosta uuteen evankeliumiin
**Los owenistas en Inglaterra y los fourieristas en Francia,
respectivamente, se oponen a los cartistas y a los reformistas**
Englannin oweniitit ja Ranskan fourieristit vastustavat
chartisteja ja "reformisteja"

Posición de los comunistas en relación con los diversos
partidos de oposición existentes
Kommunistien asema suhteessa olemassa oleviin eri
oppositiopuolueisiin

**La sección II ha dejado claras las relaciones de los
comunistas con los partidos obreros existentes**
II jakso on tehnyt selväksi kommunistien suhteet olemassa
oleviin työväenluokan puolueisiin
**como los cartistas en Inglaterra y los reformadores agrarios
en América**
kuten chartistit Englannissa ja maatalouden uudistajat
Amerikassa
**Los comunistas luchan por el logro de los objetivos
inmediatos**
Kommunistit taistelevat välittömien tavoitteiden
saavuttamiseksi
**Luchan por la imposición de los intereses momentáneos de
la clase obrera**
He taistelevat työväenluokan hetkellisten etujen
toteuttamiseksi
**Pero en el movimiento político del presente, también
representan y cuidan el futuro de ese movimiento**
Mutta nykyhetken poliittisessa liikkeessä he myös edustavat ja
huolehtivat tuon liikkeen tulevaisuudesta
En Francia, los comunistas se alían con los socialdemócratas
Ranskassa kommunistit liittoutuvat sosialidemokraattien
kanssa
y se posicionan contra la burguesía conservadora y radical
ja he asettuvat konservatiivista ja radikaalia porvaristoa
vastaan
**sin embargo, se reservan el derecho de tomar una posición
crítica respecto de las frases e ilusiones tradicionalmente
transmitidas desde la gran Revolución**

He pidättävät kuitenkin itselleen oikeuden ottaa kriittisen
kannan suuresta vallankumouksesta perinteisesti annettuihin
lauseisiin ja illuusioihin

**En Suiza apoyan a los radicales, sin perder de vista que este
partido está formado por elementos antagónicos**
Sveitsissä he tukevat radikaaleja unohtamatta sitä, että tämä
puolue koostuu antagonistisista aineksista

**en parte de los socialistas democráticos, en el sentido
francés, en parte de la burguesía radical**
osittain demokraattisia sosialisteja ranskalaisessa mielessä,
osittain radikaalia porvaristoa

**En Polonia apoyan al partido que insiste en la revolución
agraria como condición primordial para la emancipación
nacional**
Puolassa he tukevat puoluetta, joka vaatii
agraarivallankumousta kansallisen vapautumisen
ensisijaiseksi edellytykseksi

el partido que fomentó la insurrección de Cracovia en 1846
puolue, joka lietsoi Krakovan kapinaa vuonna 1846

**En Alemania luchan con la burguesía cada vez que ésta actúa
de manera revolucionaria**
Saksassa he taistelevat porvariston kanssa aina, kun se toimii
vallankumouksellisella tavalla

**contra la monarquía absoluta, la nobleza feudal y la pequeña
burguesía**
absoluuttista monarkiaa, feodaalista oravaa ja
pikkuporvaristoa vastaan

**Pero no cesan, ni por un solo instante, de inculcar en la clase
obrera una idea particular**
Mutta he eivät koskaan lakkaa hetkeksikään juurruttamasta
työväenluokkaan yhtä erityistä ajatusta

**el reconocimiento más claro posible del antagonismo hostil
entre la burguesía y el proletariado**
porvariston ja proletariaatin välisen vihamielisen
vastakkainasettelun mahdollisimman selvä tunnustaminen

para que los obreros alemanes puedan utilizar inmediatamente las armas de que disponen

jotta saksalaiset työläiset voisivat heti käyttää käytettävissään olevia aseita

las condiciones sociales y políticas que la burguesía debe introducir necesariamente junto con su supremacía

yhteiskunnalliset ja poliittiset olosuhteet, jotka porvariston on välttämättä otettava käyttöön ylivaltansa ohella

la caída de las clases reaccionarias en Alemania es inevitable

taantumuksellisten luokkien kaatuminen Saksassa on väistämätöntä

y entonces la lucha contra la burguesía misma puede comenzar inmediatamente

ja sitten taistelu itse porvaristoa vastaan voi heti alkaa

Los comunistas dirigen su atención principalmente a Alemania, porque este país está en vísperas de una revolución burguesa

Kommunistit kääntävät huomionsa etupäässä Saksaan, koska se on porvariston vallankumouksen kynnyksellä

una revolución que está destinada a llevarse a cabo en las condiciones más avanzadas de la civilización europea

vallankumous, joka on pakko toteuttaa eurooppalaisen sivilisaation edistyneemmissä olosuhteissa

y está destinado a llevarse a cabo con un proletariado mucho más desarrollado

ja se on pakko toteuttaa paljon kehittyneemmän proletariaatin kanssa

un proletariado más avanzado que el de Inglaterra en el XVII y el de Francia en el siglo XVIII

proletariaatti, joka oli edistyneempi kuin Englannissa, oli seitsemännellätoista vuosisadalla ja Ranskassa kahdeksastoista-luvulla

y porque la revolución burguesa en Alemania no será más que el preludio de una revolución proletaria inmediatamente posterior

ja koska porvariston vallankumous Saksassa tulee olemaan
vain alkusoittoa välittömästi seuraavalle proletaariselle
vallankumoukselle
**En resumen, los comunistas apoyan en todas partes todo
movimiento revolucionario contra el orden social y político
existente**
Lyhyesti sanottuna, kommunistit kaikkialla tukevat jokaista
vallankumouksellista liikettä vallitsevaa yhteiskunnallista ja
poliittista järjestystä vastaan
**En todos estos movimientos ponen en primer plano, como
cuestión principal en cada uno de ellos, la cuestión de la
propiedad**
Kaikissa näissä liikkeissä he tuovat eteen, johtavana
kysymyksenä kussakin, omaisuuskysymyksen
**no importa cuál sea su grado de desarrollo en ese país en ese
momento**
riippumatta siitä, mikä sen kehitysaste on kyseisessä maassa
tuolloin;
**Finalmente, trabajan en todas partes por la unión y el
acuerdo de los partidos democráticos de todos los países**
Lopuksi he työskentelevät kaikkialla kaikkien maiden
demokraattisten puolueiden liiton ja sopimuksen puolesta
**Los comunistas desdeñan ocultar sus puntos de vista y sus
objetivos**
Kommunistit eivät halua salata näkemyksiään ja tavoitteitaan
**Declaran abiertamente que sus fines sólo pueden alcanzarse
mediante el derrocamiento por la fuerza de todas las
condiciones sociales existentes**
He julistavat avoimesti, että heidän päämääränsä voidaan
saavuttaa vain kukistamalla voimakeinoin kaikki olemassa
olevat yhteiskunnalliset olot
**Que las clases dominantes tiemblen ante una revolución
comunista**
Annetaan hallitsevien luokkien vapisemaan kommunistisesta
vallankumouksesta

Los proletarios no tienen nada que perder más que sus cadenas
Proletaareilla ei ole muuta menetettävää kuin kahleensa
Tienen un mundo que ganar
Heillä on maailma voitettavana
¡TRABAJADORES DE TODOS LOS PAÍSES, UNÍOS!
KAIKKIEN MAIDEN TYÖLÄISET, LIITTYKÄÄ YHTEEN!